最後の海賊

THE LAST PIRATE

楽天・三木谷浩史は
なぜ嫌われるのか

大西康之
ONISHI YASUYUKI

カバー写真について

2014年7月、米アイダホ州サンバレーで開かれる「サンバレー・カンファレンス」に出席するためプライベートジェットに乗り込む三木谷浩史の後ろ姿を、同行した筆者がスマホでこっそり撮影した。

1983年から毎年、米名門投資会社アレン&カンパニーが主催している同カンファレンスは、アロハシャツの下に拳銃を隠し持つガードマンに守られた広大な森の中で、金融、メディア業界の大物と新興企業の経営者が家族連れでキャンプを楽しみながら意見を交わす。

ジェフ・ベゾス、マーク・ザッカーバーグらGAFAの創業者が揃い踏みし、ビル・ゲイツ、ウォーレン・バフェット、ルパート・マードックらと意見を交わした。出席を許されるのはアレン&カンパニーCEOのハーバート・アレンから招待状が届いた者のみ。この年、日本から出席したのは三木谷とソニー社長(当時)の平井一夫の2人だけだった。

三木谷は40回目となる2023年のカンファレンスにも参加。生成AI「ChatGPT」で世界を震撼させるOpenAIのCEO、サム・アルトマンも招待されていた。

東雲「こんなのは、真っ当な企業家のやることじゃない。
これは日章丸と乗組員の命を賭けた博奕です」

国岡「博奕やとぉ……これを博奕ゆうんならこん会社は
ずっと博奕ば打ち続けてきたんよ」

甲賀「忘れたか東雲、おれたちの店主はのう、
企業家の皮をかぶった海賊やぞ」

――映画「海賊とよばれた男」より

ブックデザイン　秦浩司
DTP　昭和ブライト
校閲　髙松完子
編集　加藤企画編集事務所

最後の海賊　楽天・三木谷浩史はなぜ嫌われるのか　目次

プロローグ　冒険へ

海賊の仲間たち――❶

タレック・アミン

ヨルダンで生まれ、米国でITを学びインドで格安携帯革命を起こした天才

海賊の仲間たち――❽

黒坂三重

ハードシングス――つらい別れの時

プロローグ

PROLOGUE

冒険へ

商談

2023年2月27日、スペイン・バルセロナで世界最大の通信ビジネス国際見本市「モバイル・ワールド・コングレス（MWC）」が始まった。

会場の「フィラ・デ・バルセロナ」は36万㎡という広大な敷地に巨大なホールが立ち並ぶ。MWCには毎年、世界200ヵ国から6万〜8万人の通信事業の関係者が集まり、最先端のテクノロジーを競い合う。

午前11時15分、「楽天グループ」会長兼社長の三木谷浩史を乗せた黒いベンツのワンボックスカーがVIP受け付けの車寄せに滑り込んできた。初日ということもあり、入り口は黒塗りの車でごった返し、三木谷の到着は予定より少し遅れた。

三木谷を出迎えたのは、2022年にグローバルセールス・マーケティング統括として楽天グループに加わったラビー・ダブーシ。米通信大手「シスコシステムズ」の幹部でスマートシティ戦略を推進してきた。シスコ中興の祖ジョン・チェンバースの懐刀《ふところがたな》だったが、チェンバースが引退するとき、シスコの同僚だった楽天グループ副社長、平井康文《ひらいやすふみ》の誘いで「楽天モバイル」に移籍した。世界の通信業界で、このジェイソン・ステイサム風のスキンヘッドの男を知らない者はいない。

三木谷は会場で待ち受けていた広報担当者に手渡されたミーティング資料に目を通しながら、人の波をかき分け猛烈なスピードで進む。後ろから三木谷の秘書が駆け足で追いかける。突然、三木谷が振り向く。

「えっと、この人のファースト・ネームはなんだっけ？」

「こちらです」

すかさず広報がファイルの当該ページを指す。

「これ、なんて読むの？」

欧州の携帯電話大手のCFOだ。楽天モバイルのブースに到着すると、楽天モバイルCEOのタレック・アミンと楽天シンフォニー（このグループ会社については後ほど詳述する）のアメリカ支社長、アジータ・アルバニが待ち構えていた。アミンはヨルダン出身で米国、インドの通信大手を渡り歩き、「携帯電話ネットワークの完全仮想化」という画期的なアイデアを携えて18年に楽天入りした。優雅にブロンドを靡《なび》かせるアルバニは、フィンランドの携帯大手「ノキア」でイノベーション事業を担当していた。

4人は一言二言、言葉をかわすと、顧客が待つブースの会議室に入った。

「お待たせして申し訳ありません。車がものすごく混んでしまって」

三木谷はいつものように英語で商談を始めた。

ＭＷＣの楽天ブースで次から次へと商談をこなしていた三木谷は、一瞬だけブースの部屋から顔を出し、筆者に声をかけてきた。

「連れション行かない？」

個別インタビューの時間が取れないから、三木谷なりに気を遣ったのだろう。２人でトイレを目指す。

「すごい過密スケジュールですね」

「そうね。関心を持ってもらっているのはありがたい」

アジアの東の端で、最後発で携帯電話事業に参入した楽天モバイルが、世界中の注目を集めている。それは「携帯ネットワークの完全仮想化」という、これまで誰もやったことのないイノベーションを商用ベースで実現したからだ。

「仮想化」とは簡単に言うと、ハードをソフトに置き換えることだ。たとえば、１９８０年代初めは、誰もが「書院」とか「オアシス」といったワープロ専用機を使っていたが、85年ころからはパソコンにインストールされた「一太郎」や「ワード」といった日本語ワープロソフトを立ち上げて文書を作成するようになった。「キーボードを叩いて文字を書く」という作業がハードウエアからソフトウエアに置き換わったわけだ。

どんなパソコンでも文書が作成できるようになったように、楽天モバイルの通信技術は、基地局に高価な専用機器を使わなくても、汎用サーバとソフトウェアだけで携帯電話の通信を可能にした。この状況は、かつて大企業や中央官庁で標準的に使われた大型コンピューターを中心とする「メインフレーム・システム」が、１９９０年代にはパソコンとサーバをネットワークした「クライアント・サーバ・システム」に置き換わっていったこととよく似ている。

中央集権的なメインフレーム・システムの場合、それにつながる端末からデータを蓄積するストレージ、果てはプリンターまで周辺機器を含め、すべてをひとつのメーカーの仕様に合わせなくてはならなかった。その生態系の頂点に君臨したのが米ＩＢＭであり、ＩＢＭのメインフレームを選んだユーザーは、システム丸ごとの構築をＩＢＭに委ねるしかなかった。

これに対して、ほとんどのデータ処理をソフトウェアがこなすクライアント・サーバ・システムでは、ユーザーはさまざまなメーカーの機器を自由に組み合わせて使用することが可能になった。競争状態が生まれることでシステムの投資負担は劇的に引き下がる。

既存の携帯ネットワークはメインフレーム・システムと同じ中央集権型である。携帯電話事業者は、通信機器メーカーの大手――「ノキア」、「エリクソン」、「華為技術（ファーウェイ・テクノロジーズ）」の3社で世界シェアの8割を占める――に通信設備を発注すると、メーカー1社にすべてを丸投げすることになる。

一方、楽天モバイルの完全仮想化ネットワークはクライアント・サーバ・システムと同じ分散型だ。携帯電話会社は好きなメーカーの安い汎用サーバを自由に組み合わせてネットワークを構築することができる。業界用語でこれを「Open RAN（オープン・ラン＝機器の組み合わせが自由な無線アクセス・ネットワーク）」と呼ぶ。

設備投資は既存の通信ネットワークに比べ30％安くなり、運用・管理コストは40％安くなる。楽天は「楽天シンフォニー」という会社を作り、この技術をパッケージにして海外の通信会社に売り込んでいる。

追い風

場面をバルセロナのＭＷＣに戻そう。トイレに着くと三木谷は用を足しながらこう呟《つぶや》いた。

「去年まで（の商談相手）は、お手並み拝見という感じだったけど、今年は本気で導入を考えている。真剣さが違う」

装置産業である携帯電話事業は設備に莫大なカネがかかる。日本の通信大手で言えば、年間のインフラ投資は５０００億円近い。それが３割安ければ３５００億円で済む。

ワープロと同じように携帯電話ネットワークもハードからソフトに置き換わる。それは通信業界共通の認識だった。しかし、ランダムに移動する何千万台もの端末を捕まえる携帯ネットワークの仮想化は物理的には凄まじくむずかしい。通信大手のほとんどがこの技術に取り組んでいたが、「実用化するのはまだ数年は先のこと」だと考えていた。

ところが門外漢の楽天が世界で初めてこれに挑戦した。20年春にサービスを本格的に開始したとき、世界の通信会社は「絶対失敗する」とたかを括《くく》っていた。だが、小さな事故はいくつか起きたものの、ネットワーク全体が何日にもわたって止まるような大きな事故はこれまでのところ起きていない。日本ではすでに500万人近い利用者が、毎日、ふつうに楽天モバイルを使っている。

「どうやらできちゃったみたいだぞ、って感じでしょ」

用を足し終えた三木谷は満足げに言った。

楽天モバイルにはもうひとつの追い風が吹いている。「米中摩擦」だ。

中国の台頭に神経を尖らせる米国は、中国の通信大手、ファーウェイを自国市場から締め出した。そこへロシアのウクライナ侵攻が重なる。

「次は中国による台湾侵攻か」と誰もが懸念せざるを得ない状況で、安全保障の要となる通信インフラで中国企業への依存を減らしたいという思惑が各国に働いている。いわゆる「チャイナ・

フリー」だ。かといって価格の安いファーウェイから欧米の老舗メーカーに戻せば設備投資のコストが跳ね上がる。そこに登場したのが、安くて、地政学的に安全な日本の楽天モバイルが開発した「完全仮想化」だ。「試してみたい」と考えている国や地域は少なくない。

世界の通信大手が「完全仮想化」「Open RAN」に乗り換えた場合、その市場規模は15兆〜20兆円とされる。もちろん楽天シンフォニーがそのすべてを手に入れるわけではないが、世界で最初の完全仮想化を成し遂げたアドバンテージは間違いなく存在する。

この日、三木谷は夕方の6時までぶっ通しで5件の商談を続けた。その後、アミンたち、リアルではなかなか会えない楽天幹部を集めて1時間ほどミーティングをこなし、そのまま顧客の接待に出かけた。この夜はディナーが2件。そこから、仲のいい欧州の大物起業家とバルセロナの街に繰り出し深夜まで痛飲した。

世界標準の赤字

日本ではさかんに「経営難」が喧伝される楽天が海外の携帯市場では台風の目になりつつある。

三木谷は楽天市場や楽天カードで稼いだ利益を携帯事業に注ぎ込み、日本で「完全仮想化」「Open RAN」を実証した。しかし技術的に「できた」ことと「稼ぐ」ビジネスではわけが違う。22年12月期の連結決算は最終損益が３７２８億８４００万円の赤字。最終赤字は4期連続だ。

この赤字、三木谷にすれば「世界進出」の野望に向けたベット（賭け金）なのだが、日本のメディアは危機的な「業績不振」と見る。

〈楽天グループが苦境〉（日本経済新聞電子版２０２２年2月18日）

「楽天ってやばいんでしょ。モバイルの借金がすごくて」

筆者の周りでも、そう話す人が増えている。

22年度の通期決算。モバイル事業の営業損益は４９２８億円の赤字だった。三木谷自身も「危機といえば危機」と認める。楽天が22年11月と23年1月に発行したドル建て無担保社債の利率は10・25％。19年に発行したドル建て債の利率（３・５％）と比べると約3倍の高利、資金需要の逼迫ぶりが分かる。

だが、世界標準の見方をすれば、新規事業に挑む企業が抱える赤字としては、「健全な数字」だ。

ＥＣ（インターネット通販）大手の「アマゾン・ドット・コム」も、ＥＶ（電気自動車）の「テスラ」も創業からしばらくは大赤字が続いた。どんな企業でも、新たな事業を始めようと思えば先行投資で最初は赤字が続く。その苦しい期間を支えるのがベンチャー投資家であり銀行だ。

冬の時代を耐え抜いた起業家、投資家、銀行は、事業が花開いたときに莫大な利益を手にする。これが資本主義のダイナミズムである。

テスラが廉価モデル「モデル3」の量産に苦戦し「プロダクション・ヘル（生産地獄）」に嵌《は》まり込んでいた2017年、米国の著名なベンチャー投資家はこういった。

「われわれは鼻血が出そうな損失、涙が出そうなキャッシュ・バーン（現金燃焼）、頻繁に公表される胸が躍るようなニュースに慣れっこになっている」

3ヵ月ごとに3000億〜4000億円を「燃やしていた」とされる、あの頃のテスラに比べれば、今の楽天グループの赤字など「可愛いもの」とさえ言える。

全国に7万局の基地局を開設し、販売・サービス体制を整える。全国を網羅する携帯ネットワークをゼロから作っているのだから、最初の数年が大赤字になるのは当たり前だ。

2022年度、国内ECの営業損益は前期比36・6％増の956億円の黒字、「楽天カード」に代表されるフィンテック事業の営業損益も10・8％増の987億円の黒字。ひとつのプロジェクトが完成してキャッシュが手に入るまで何年もかかるゼネコンなどと違い、ECもフィンテックも日銭が入る商売なので、利払いに詰まることはまずない。貸し手からすれば、取りはぐれの少ないビジネスだ。

それでも銀行出身で用心深い三木谷は、外部からの出資受け入れや、楽天銀行の上場などで資本を分厚くしようとしている。

「今年（23年）が山場かな」

苦しい資金繰りを強いられるのは23年度まで、と三木谷は言う。その後は、設備投資が一段落し、自社のアンテナが届かない場所でKDDIのアンテナを借りている「ローミング」のコストも劇的に下がる。そして海外の通信会社に「完全仮想化」の技術が売れ始める。

楽天シンフォニーは3月1日、サウジアラビアの通信大手ザインKSAと携帯ネットワーク仮想化技術での提携を発表した。MWCの期間中、日本メディアのぶら下がり取材を受けた三木谷は、楽天シンフォニーの受注残高が4500億円に達していることを明かした。

さらに今回、三木谷はバルセロナに滞在した3日間で北米、欧州、中東、アジアの通信大手14社と商談をこなした。三木谷以外の幹部が対応した案件を加えれば100社以上とコンタクトした。やがてこれらの商談の中からも新たな成果が生まれてくる。

バルサと300億円の契約をした理由

実は筆者が三木谷とバルセロナを訪れたのはこれが初めてではない。16年の11月、三木谷から突然、電話が入った。

「これからバルセロナに行くんだけど、一緒に来ない？」

「何しに行くんですか」

「まだ言えないけど、あなたが好きなサッカー絡み」

矢も盾もたまらず自宅を飛び出した。バルセロナでサッカーといえば、世界最強と謳われる名門、FCバルセロナ（バルサ）に違いない。案の定、バルセロナの空港でプライベートジェットを降りた三木谷が車で向かったのは約10万人収容のホームスタジアム「カンプ・ノウ」だった。

その一室で、三木谷はバルサ会長のバルトメウとサインを交わし、4年＋1年の戦略的パートナーシップ契約を結んだ。5年で約300億円の大型契約だ。

名門バルサの胸に日本企業の名前が踊る。そのことには強い興奮を覚えたが、ビジネスとしての意味はよく分からなかった。このときの楽天の海外事業といえばメッセージング・アプリの「バイバー（Viber）」（キプロス）とキャッシュバック・クーポンサイトの「イーベイツ（Ebates）」（米国）くらいだったからだ。

だが7年経って、ようやくその意味が分かった。名前も知らない日本のベンチャー企業が「完全仮想化に成功した」と言っても、すぐには信用されなかっただろう。

世界一人気のあるチームの胸で5年間「Rakuten」の文字が躍動した結果、世界の企業が「あ、あのRakutenか」となる。バルサとの調印を終えた後、三木谷はこう言っていた。

「プロ野球に参入したときも、みんなにバカにされたけど、あれで楽天は全国区になった。同じことを今度は世界レベルでやる」

バルサとのスポンサー契約を起点とすれば足掛け6年。三木谷は莫大な投資を続けながら世界に挑んでいる。日本で始めた携帯電話事業も、それ自体で稼ごうというより、誰もやったことのない完全仮想化を実現させ、世界に見せつけるための〝ショーケース〟と考えているフシがある。

楽天モバイルCEOのアミン、マーケティング統括のダブーシ、アメリカ支社長のアルバニ。世界の通信業界で活躍してきた彼ら、彼女らが楽天で存分に力を発揮できるのは、2010年に社内公用語を英語にすると決めたからだ。

楽天モバイルと楽天シンフォニーのエンジニアは過半が外国人であり、インドのベンガルールにある開発拠点「楽天インド」などで約5000人が働いている。東京・二子玉川にある本社ビルの楽天クリムゾンハウスにはイスラム教の礼拝室があり、社員食堂にはハラル（イスラム教の戒律に則った食べ物）メニューがある。夜になるとニコタマのレストランはインド、米国、台湾、西欧、東欧など世界各国から集結したエンジニアで溢れかえる。

バルサとのパートナーシップは、英語の公用語化と同様、世界の優秀なエンジニアを集めることにも一役買っている。三木谷が「グローバル企業になる」と言って打ってきた布石が、今まさにひとつの「勝ち筋」として収斂しつつあるのだ。

ウクライナ支援にかかわるもうひとつの国際会議

2022年7月4日、三木谷は、イタリアとの国境に近いスイス南部の都市ルガーノにいた。アルプスの山間部にポッカリと浮かぶルガーノ湖に面した美しい街だ。

この2年間、世界中で猛威を振るった新型コロナウイルスの感染拡大が下火になり、ようやくフェイス・トゥー・フェイスの国際会議が開けるようになった。そのタイミングを待ち構えて開催されたのが、スイス政府とウクライナ政府が共催する「ウクライナの復興に関する国際会議」だ。

この年の2月、ロシアがウクライナに侵攻した。国境を接している北方から南下して電撃的に首都キーウを落そうとしたが、想像を超えるウクライナ軍の反撃に遭い、戦線はウクライナ東部と南部で膠着した。

NATO（北大西洋条約機構）はウクライナ軍を軍事的に支え、米欧や日本は資金面でウクライナ政府を支えた。しかし戦争が長引くにつれ、ロシアが撃ち込むミサイルはウクライナの発電所、水道、通信網などのインフラを次々と破壊。ウクライナ国民の生活は困窮した。

ロシア軍を追い返し戦争を終わらせることも大切だが、戦禍の中で困窮しているウクライナ国民の命を支え、戦後の復興につなげることはさらに重要だ。

それを話し合うために開かれたのがこの会議であり、Ｇ７、ＥＵ各国等約40ヵ国の首脳、閣僚等に加え、世界銀行、ＩＭＦ、ＯＥＣＤを始めとする18の国際機関の代表者等が出席し、日本からは外務副大臣の鈴木貴子が出席した。

ウクライナ大統領のヴォロディミル・ゼレンスキーもオンライン参加したこの会議でウクライナ政府は「ロシア侵攻で荒れ果てた国土の復興には７５００億ドル（１０１兆円）が必要だ」と訴え、各国がそれを支援する「ルガーノ宣言」が採択された。

閣僚級が集まる「ウクライナの復興に関する国際会議」と並行してルガーノではもうひとつの国際会議が開かれていた。

ゼレンスキー政権下、最年少の28歳で入閣したデジタル変革大臣のミハイロ・フェドロフが主催した「デジタル4《フォー》フリーダム・イニシアティブ」である。三木谷がスイスに乗り込むと、待ち受けていたのはアップル、グーグル、マイクロソフト、アマゾン・ドット・コムといった世界を代表するＩＴ・ネット企業のトップだった。

これほどの大物たちを動かすフェドロフとは何者か。

フェドロフは生粋《きっすい》の起業家だ。ロシア軍に占拠された原発があるザポリージャの国立大学を卒業し、自らＩＴベンチャーを立ち上げ、２０１４年の大統領選でゼレンスキー陣営のデジタル・

アドバイザーを務めた。その実力を認められ、デジタル変革大臣に任命された。ロシア侵攻前はすべての公的手続きをスマホひとつでできるようにする「スマートフォンの中の国家」を掲げ、強力にシステム構築を推し進めていた。フェドロフのような人材が育った背景には、1991年にソ連が崩壊し独立国家となって以来、ウクライナがIT立国を掲げてきたことが大きい。28歳で大臣になったフェドロフはゼレンスキーとともに渡米し、GAFAM（グーグル、アップル、フェイスブック、アマゾン・ドット・コム、マイクロソフト）のトップに引き合わせた。戦争が始まるとそのときのコネクションをフル活用し、米国のIT・ネット大手に「ウクライナとともに戦ってくれ」と呼びかけた。

侵攻から2日後の2月26日にはSNSで「テスラ」と「スペースX」の創業者であるイーロン・マスクにツイッターでこう依頼した。

「あなたの会社のロケットは火星を目指しているが、ウクライナはロシアのロケットに攻撃されている。（スペースXが手がける衛星モバイルの）『スターリンク』の受信機を送ってくれ」

10時間後の27日早朝、マスクは返信した。

「ウクライナでスターリンクを使えるようにした。追加の受信機は輸送中」

マスクは2万台の受信機をウクライナに送った。ロシア軍は、侵攻の初期段階で東部ドンバス地域の基地局を乗っ取り、ウクライナ軍は通信手段を奪われる危機に瀕していたがこれで「目と耳」を確保し、反撃に出る。

マスクがツイッターで返信した27日、フェドロフは別の2社に送った協力要請の手紙をツイッターで公開している。その2社がロシアで提供しているネット・サービスを「止めてくれ」という内容だ。1社はかつてマスクも所属していたネット決済の草分け「PayPal（ペイパル）」。もう1社はロシアの人々の間で広く使われているメッセージング・アプリのバイバーを手がける楽天だった。

メッセージング・アプリはインターネットを介してショートメッセージのやり取りや無料通話ができるサービスで、日本ではＬＩＮＥの利用者が多い。楽天は２０１４年にバイバーを買収した。買収前、本社はキプロスにあったが主な開発拠点はイスラエルとベラルーシにあり、暗号化などのセキュリティ機能は世界の最先端を行く。

バイバーはとくに中・東欧や東南アジアで人気があり、世界の利用者数は14億人。米「メタ（旧フェイスブック）」傘下の「WhatsApp（ワッツアップ）」や中国で人気の「WeChat（ウィーチャット）」には及ばないがＬＩＮＥを上回っている。ウクライナではスマホ利用者の97％がバイバーのアプリをダウンロードしており、ロシアでも自国生まれのメッセージング・アプリ「Telegram（テレグラム）」に次ぐ人気がある。

世界のＩＴ・ネット企業に支援を呼びかけたフェドロフは、楽天を「アジアを代表するテック企業」と認識し、対ロシア戦での共闘を呼びかけてきたのだ。

フェドロフの呼びかけを社内で議論した楽天はその日、副社長・百野研太郎の名前で声明を出し、以下のような結論を公にした。

「(ロシアでバイバーのサービスを止めることは)自由で安全なコミュニケーションを妨げることにつながり、偽情報と戦うための重要な通信手段を排除してしまう」。このためサービスは継続するが、ウクライナとロシアで、バイバーのアプリ上からすべての広告を削除した。プロパガンダ(政治宣伝)などに悪用されるのを防ぐのが狙いだ。同時にウクライナ国民を支援するため、バイバーからバイバーの入っていない携帯電話にかけるときの通話料を無料にした。

三木谷がスイスで開かれた「デジタル4フリーダム・イニシアティブ」に招かれたのは、こんな経緯があったからだ。

デジタル義勇兵と分散型国家

会議が始まると、身長1メートル90センチを超える坊主頭のフェドロフは、お世辞にも流暢とは言えない英語で、だがはっきりとこう言った。

「われわれはロシアとのサイバー戦争に必ず勝利する。皆さんにも力を貸してほしい」

ロシアは戦車で侵攻しミサイルを撃ち込んでくるだけでなく、ウクライナの公的機関や社会インフラを狙ったサイバー攻撃も仕掛けてきた。国防会議のメンバーでもあるフェドロフはデジタル変革省のプログラマーたちを率いてこれを防御した。

海外のプログラマーに協力を呼びかけると世界中から25万人の「デジタル義勇兵」が集まった。フェドロフは彼らを率い、ロシア郵便局、ロシア最大の商業銀行である「スベルバンク」、政府の調達機関などのシステムを麻痺させた。

ロシアのミサイルで発電所が攻撃され、通信の基地や造幣所まで破壊されている。だがフェドロフはそれすらも「チャンス」と受け止めていた。

「戦争でグリーンフィールド（更地）になったウクライナに、一気に分散型のネット国家を建設する」

それは三木谷が思い描く「新しい国家像」に重なるものだった。

すべての情報と権限を政府に集める中央集権型ではなく、地域が地域の意思で動く分散型の国家。四半世紀前、「ネットの力で地方の名店を〝銀座4丁目〟に出店させる」という理想でネット通販（ＥＣ）の「楽天市場」を立ち上げた三木谷は「分散こそネットの本質」と考える。

創業時には「試食も試着もできないネットで食べ物や洋服が売れるわけがない」と笑われた。だが22年度、楽天市場には５万７０００社が出店し、国内ＥＣの流通総額は５兆６０００億円に達した。全国の百貨店の売上高を上回る金額である。楽天市場では地方特産のカニやウナギやスイーツがよく売れる。三木谷はこれを「地域のエンパワーメント」と呼ぶ。フェドロフは同じことを国家単位でやろうとしている。

「デジタル4フリーダム」でフェドロフが三木谷を呼んだのは、通信分野での協力を求めるためだった。フェドロフは楽天モバイルの「完全仮想化」に注目していた。ロシア軍に破壊された通信インフラを復旧させるとき、建設コストも運営コストも安い「完全仮想化」は有力な選択肢のひとつである。

ウクライナには携帯電話会社が3社あるが、いずれも欧州製や日本製より格安な中国のファーウェイ製の基地局を使っている。ロシアとの戦争が終われば、通信網を再構築することになるが、フェドロフもまた「チャイナ・フリー」を意識している。戦争や災害に対するリジリエンス（強靱さ）を考えても、ソフトウェアで制御できる完全仮想化は魅力的だ。

もうひとつ、フェドロフが関心を示したのが、楽天モバイルが2024年以降の実用化を目指す衛星モバイルだ。衛星モバイルといえば前述したスペースXのスターリンクが有名だが、楽天も衛星モバイルを手がける米通信ベンチャー「ASTスペースモバイル」に20%出資している。ASTは試験衛星の打ち上げ準備の最中だった。

ASTは低軌道に浮かぶ衛星と手元の携帯電話が直接電波をやり取りするため、スターリンクのような特殊な受信装置が必要ない。今の戦争が終わっても未来永劫ロシアと国境を接し、いつ何が起きるか分からないウクライナにとって「地上が攻撃されても確実につながる衛星モバイル」は、是が非でも導入しておきたいサービスだ。「1日でも早くウクライナでASTのサービスが使えるようにして欲しい」と迫るフェドロフに三木谷は言った。

「楽天はたしかにASTの大株主だが、ASTはあくまで独立した会社です。貴国の意向は私からASTのCEOに伝えておくので、ASTと話して欲しい」

ネットで構築する分散型IT国家の建設——フェドロフが「デジタル4フリーダム」で語ったのは、デジタル戦争の話だけではなかった。戦争が終わった後、ウクライナをどんなデジタル国家にしていきたいのかを滔々《とうとう》と語ったのだ。

まだ31歳。日本なら大臣はおろか国会議員になることすら難しい年齢のフェドロフは、20年、30年先を見つめている。次の選挙のことしか考えていない日本の政治家とは目線の高さが違う。

「この男は未来しか見ていない」

三木谷は、そんなフェドロフがデジタル国家建設の先頭に立つウクライナを、羨ましいとさえ思った。

「インドの国民病」頭頸部がん克服の切り札

2ヵ月後の9月19日、三木谷はインド最大の都市、ムンバイにいた。向き合っていたのは「タタメモリアル病院」(「タタ・グループ」は、インドの大財閥)の腫瘍外科部長のラジェンドラ・バドウィ院長。楽天の関連会社「楽天メディカル」が開発を進める新しいがん療法「アルミノックス治療」の実用化をインドで進めるのが目的だ。翌日にはバイオテクノロジー庁長官のラジェシュ・ゴルハレ医師と面談した。

三木谷は父・良一がすい臓がんを患ったことをきっかけに、アメリカ国立衛生研究所(NIH)でアルミノックス治療の原型となる光免疫療法の研究をしていた小林久隆《こばやしひさたか》と出会い、その研究成果をもとに光免疫療法の実用化を目指していた米ベンチャー「アスピリアン・セラピューティクス」に個人で出資した。光免疫療法はがん細胞に選択的に集積する薬剤を投与する。その薬剤は光を当てると活性化する性質があり、がん細胞を壊死させる。抗がん剤をがん細胞とその周辺まで焼き尽くす「空爆」とすれば、アルミノックス治療はがん細胞だけを狙い撃ちする「優秀なスナイパー」だと小林は説明する。

父親が亡くなった後は、三木谷個人に加えて楽天もアスピリアン・セラピューティクスに出資し、現在は楽天の持分法適用関連会社、楽天メディカルになっている。

楽天メディカルは2020年、世界に先駆け日本で厚生労働省からアルミノックス治療に関わる薬剤と治療機器の認可を受け、2023年5月時点では全国100以上の施設で頭頸部がん治療の選択肢のひとつとして提供されている。楽天メディカルは「がん克服」のスローガンを掲げ、頭頸部がん以外のがんにもこの治療法を広げようとしている。

三木谷がインドに赴いたのは、この国で頭頸部がんの患者の数が突出しているからだ。世界の頭頸部がん患者の約25％がインドにいるとされ、インドのがん患者の30％を占める。病状が進行してから受診するケースも多く、死亡率が高い。インドに多い噛みタバコの習慣、ヒトパピローマウイルス（HPV）やEBウイルスなどが頭頸部がんを誘発するのではないかと考えられているが、いずれにせよインドにおいて頭頸部がんは「国民病」と言っていいほど厄介な存在なのだ。

インド政府は国民病克服の切り札としての役割をアルミノックス治療に期待している。2022年11月4日、アッサム州グワーハーティーで開かれた頭頸部腫瘍学会総会の開会式に招かれた三木谷は基調講演で、

「私たちの治療法がインドの患者さんのがん克服に少しでも貢献できるようアルミノックス治療の展開を加速していきます」

と約束し、喝采を浴びた。

出光佐三、本田宗一郎、盛田昭夫……海賊たちの末裔

その1ヵ月後の12月22日、筆者は二子玉川の楽天グループ本社で久しぶりに三木谷に会った。多摩川を見下ろす部屋で待っていると、いつもの黒いトレーナーを着た三木谷が現れ、開口一番、こう言った。

「先週までアンマンにいたんだよね」

「ヨルダンの？」

「そう」

「完全仮想化事業の売り込みですか」

「それもあるけど、知り合いに、一度見とけって言われてさ」

「ヨルダンを、ですか？」

「ヨルダンの人口、知ってる？」

「わかりません」

「1985年に270万人だったのが、今は1300万人。上院は王族が仕切っているけど、下

院議員は選挙で選ばれる、れっきとした民主国家だよ。イスラム教の国だけど酒が飲めるから、アンマンには中東でビジネスしている欧米の連中が集まってる。中東だけど産油国じゃないから、産業育成に熱心で、中東最大の製薬会社もヨルダンにある。想像していたのとはまったく違った。行ってよかった」

１９５３年、イランと旧宗主国のイギリスがイラン産石油の所有権をめぐって対立したとき、石油タンカーの「日章丸」を仕立ててイギリス海軍の海上封鎖を潜り抜け、ガソリンと軽油を日本に持ち帰った出光興産の出光佐三。（ちなみに、この「日章丸事件」を契機に、イランは中東きっての親日国になった）

１９６２年、政府の反対を押し切って四輪車の試作に入り、63年に自動車レースの最高峰、フォーミュラー１（Ｆ１）に参戦した本田宗一郎。（ホンダは１９６５年のメキシコ・グランプリで初勝利を飾る）

１９７８年、「ウォークマン」と商品名を決めるとき、正しく英語で表現するなら「ウォーキング・マン」だとたしなめられても、「ウォークマンはソニー語だ。いつかウェブスター大辞典に掲載される日が来る」と譲らなかったソニーの盛田昭夫。（10年後、本当に辞書に載る）

戦後の復興期から高度経済成長期にかけての日本には、危険を顧みず新たな事業に社運をかける命知らずの「海賊」がいた。

だが会社が立派になり、強烈な個性を持った創業世代が去った後、会社は冒険も挑戦も許されず、昨日と同じ今日を繰り返すだけの退屈な場所になってしまった。ほとんどのサラリーマン経営者は社長になることが目的で、社長になった瞬間に目標を失ってしまう。

だが三木谷は楽天市場で大成功を収めた後も、次から次へと危険な挑戦を繰り返す。現役でこれほど無謀な日本の経営者を筆者は他に知らない。かつてソフトバンクグループの孫正義も「海賊」の匂いを漂わせていたが、事業から手を引きベンチャー投資を本業とする孫は今や海賊に資金を提供する資本家になった。

本書は、飼い慣らされた日本の経営者の中でただ一人異彩を放つ「最後の海賊」三木谷浩史とその仲間たちが繰り広げる、現代の冒険譚である。

海賊の仲間たち―― ①

タレック・アミン

TAREQ AMIN

ヨルダンで生まれ、
米国でITを学び
インドで格安携帯
革命を起こした天才

「やっぱり日本の携帯料金は高すぎるでしょ」

「うちのＣＴＯ（最高技術責任者）が入国できないって、いったいどういうことなんだよ。こんなことをしていたら日本はどんどん弱くなる」

２０２１年2月17日のオンライン取材。画面の向こう側にいる三木谷は苛立っていた。

携帯電話ネットワークの完全仮想化技術のコアの部分はインドで開発している。現地で陣頭指揮に当たっていた楽天ＣＴＯのタレック・アミン（現・楽天モバイルＣＥＯ）は、日本政府の対コロナの水際政策で足止めを食らっていた。

国内の感染者が一定規模を越えれば、そもそも国の内側でウイルスが蔓延しているわけだから、海外からのウイルス侵入を防ぐ狙いの水際政策は意味を持たなくなる。先進国の多くはビジネス・パーソンや留学生の入国制限の緩和に動いたが、日本は政策転換が遅れていた。

足止めを食らっていたのはアミンだけではない。アメリカの起業家たちと交流し、現地でナマの情報に接するためシリコンバレーに豪邸を構え、1年の半分を海外で過ごす三木谷も、出入国の際の長い隔離期間を考えるとさすがに海外出張を控えざるを得ず、フラストレーションを溜めていた。

ただ、コロナ禍がなくても三木谷が日本を離れられない状況でもあった。楽天の携帯電話事業が勝負どころを迎えていたからだ。

２０２０年春にＮＴＴドコモ（現・ＮＴＴ）、ＫＤＤＩ（ブランド名はａｕ）、ソフトバンクの３メガが占有する携帯電話事業に参入した楽天は、１年間の無料キャンペーンを展開した。加入者が無料キャンペーンの上限としていた３００万人に達し、有料の顧客獲得が始まる２０２１年の春こそが、３メガとの本格的な戦争の始まりだった。

３メガは当然「楽天潰し」を仕掛けてきた。２０２０年12月から21年の2月にかけて、３社は新料金体系を発表した。ドコモが「ａｈａｍｏ（アハモ）」、ａｕは「ｐｏｖｏ（ポボ）」、ソフトバンクは「ＬＩＮＥＭＯ（ラインモ）」。ドコモとａｕの新プランはデータ通信に「20ギガバイトまで」という制限つきではあるが、月額２４８０〜２７００円。楽天モバイルの「20ギガバイトまで１９８０円（税込み２１７８円）」にかなり近づいた。

私は画面の向こうの三木谷に尋ねた。

「３メガの対抗策はかなりのダメージですか」

「そこまでやってくるのか、とは思ったね。３社とも、うちより設備投資がデカいから、あの料金では苦しいはず。もちろんこっちにはコンティンジェンシー・プラン（最悪の事態に備えた計画）があるけど」

言葉とは裏腹に、三木谷の表情には余裕が感じられた。3メガが制限を設けた「20ギガから上」には大きな意味があったからだ。

フェイスブックやツイッターでの文字や写真のやり取りがほとんどで、たまにユーチューブを見る程度の使い方をする「大人」なら1ヵ月数ギガで足りる。だが高精細の動画を激しく動かしデータを大量に使うゲームで何時間も遊ぶ「若者」は20ギガを簡単にオーバーする。ゲーマー世代は3メガの新プランに落胆した。

このゲーマー世代こそ、楽天モバイルが一番取り込みたい客層だった。彼らの生活はスマホに依存している。ゲームだけでなく、動画を見るのも買い物をするのも株を買うのもすべてスマホから。通信会社から見れば最も客単価が高い層である。

しかし足元では3メガが大々的に新料金プランのキャンペーンを展開し、揺さぶりをかけてきているのは事実。

「肝心なときにタレック（・アミン）が日本にいないのは困りますね」

「そうなんだよ。タレックはモバイル界にオスカー（映画のアカデミー賞）があったら、間違いなく受賞する男だからね。勝負どころではこっちにいてくれないと困る」

「で、コンティンジェンシー・プランというのは？」

「それは言えないな。でも方向性は見えてきた。この1年で分かった。楽天モバイルに入ったお客さんは、今まで以上に楽天カードを使ったり、楽天市場で買い物してくれたりする」

「客単価が上がった、と」

「そう。自前の回線を持つと決めた時点で、俺は腹を括ったんだけどね。やっぱり日本の携帯料金は高すぎるでしょ。コロナ禍で苦しい中、国民の負担になってるよね。それ（携帯料金）を下げられるんだったら、楽天としては、あえてそこで儲けなくても、周辺のエコシステム（楽天経済圏の楽天市場やフィンテックの楽天証券など）で稼げばいい」

「料金はどこまで下げられますか」

「いつになるか、本当にやるのか分からないけど、極論を言えば携帯料金は無料にできる」

三木谷は世界中の通信会社が卒倒しそうなことを、さらりと言った。

楽天モバイルは2021年4月、月のデータ使用量が1ギガ未満のユーザーの料金を無料にした。ライバル各社からは「ダンピングだ」との批判が出た。だが三木谷は「使ってない人からお金を取るほうがおかしい」と反論した。三木谷はこんなたとえ話をした。

「今や年会費を取るクレジットカードはほんの一部だけど、昔はみんな有料だった。でもカード会社は、利用者がカードで買い物をしてくれれば儲かるから、ほとんどのカードは会費無料になったよね。携帯電話もいずれそうなる」

グーグルのさまざまなサービス、検索はもちろん、Gメール、Googleマップ、Googleドライブなどが無料であるように、三木谷には、携帯電話は無料になり、そのインフラの上にさまざまな有料サービスやコンテンツが乗っかる、そんな未来が見えているのだろうか。

そうなっては困るのが3メガだ。各社は動画配信や決済サービスなどのインターネット・サービスを懸命に増やそうとしているものの、携帯料金と肩を並べる収益源にはなっていない。ソフトバンクグループはZホールディングス（ヤフーとLINEの合併会社）がネットオークションやコンテンツ配信で利益を上げているが、楽天市場からフィンテックまで幅広いネット・サービスを持つ楽天には敵わない。ドコモやauのネットサービスによる収益は微々たるもので、携帯料金が無料になったら、経営は立ち行かない。

三木谷に決断させた男

楽天が、携帯電話事業に参入した物語の第一幕は、安倍政権の司令塔・菅義偉《すがよしひで》（官房長官・当時）のひと声、「官製値下げ」から始まったのは周知の事実だろう。

〈菅義偉官房長官が講演で「携帯電話料金は4割程度下げる余地がある」と発言した。政府高官が民間企業の決める料金水準にあからさまに口出しするのは異例であり、賛否が分かれそうだ。

ただ、日本の通信市場が大手3社による寡占化など問題が多いのは事実で、さらなる改革が欠かせない〉（2018年8月23日「日経新聞」）

〈一連の携帯電話料金をめぐる議論に火を付けたのは、安倍政権で絶大な権力を誇る菅義偉官房長官だ。

昨年8月、講演で「4割程度下げる余地があるのではないかと思う」と発言。総務省は翌月に有識者会議の設置を明らかにし、値下げ議論が一気に動き出した。法改正まで1年足らずという早業だった〉（2019年7月12日「朝日新聞」）

生活のインフラとなった携帯電話の通信料は高額化の一途をたどり、3メガが莫大な利益を上げる一方で、家計を圧迫するようになっていた。

そこで楽天は、価格破壊を旗印にして、ドコモ、KDDI（au）、ソフトバンクの3メガが寡占している携帯電話市場に斬り込んだ。その結果何が起きたか。

総務省は2021年12月、携帯電話事業者各社が提供する新しい格安料金プランの契約数が11月末時点で約2930万件になったと発表した。料金設定は3メガで若干のばらつきがあるが、仮に中間値をとって下げ幅を2500円とすれば、2930万件を掛けて月に約732億円、年間で8790億円の国民負担が軽減されたことになる。

日本の携帯電話契約件数は2021年9月末時点で1億9785万件。その9割以上がスマホである。国民の大半がスマホを使っていると考えれば、この負担軽減は「減税」に等しい。今後さらに楽天モバイルや3メガの新料金プランへの乗り換えが進めば「軽減効果は約1兆円に拡大する」（総務省）という。

楽天が奇襲を仕掛け、3メガが応戦した。こうして日本のスマホに価格破壊が起きた。夫婦2人で月額5000円、中高生の子供が2人いる世帯なら毎月1万円、年間12万円の恒久的な負担軽減だ。コロナ禍の折り、政府が実施した「1回こっきり1世帯10万円」の給付金より、台所への恩恵はずっと大きいだろう。だが、大きなリスクを取って「1兆円減税」のきっかけを作った三木谷の功績は驚くほど認知されていない。

携帯電話事業はリスクが大きい。全国津々浦々に基地局を建設しなければならず、設備投資が巨額になるからだ。事実、楽天モバイルの設備投資費は19年からの累計で1兆円を超える。

それでも楽天モバイルの投資額は少ないほうだ。ソフトバンクは2006年に携帯ネットワークを持つボーダフォンの日本法人を買収して携帯電話事業に参入したが、買収金額は1兆7500億円に及んだ。

楽天の投資額が安く済んでいる背景にひとりの天才技術者の存在がある。楽天モバイルに「完全仮想化」のテクノロジーをもたらしたタレック・アミンである。

ドラえもん、そしてバルセロナ

三木谷がアミンと初めて会ったのは2018年の2月。場所はこの数年、三木谷が足繁く通うようになったスペインのバルセロナだ。

三木谷がバルセロナを頻繁に訪れるようになったのは2016年、スーパースター、リオネル・メッシを擁する世界有数のサッカーチーム、「FCバルセロナ」（バルサ）のメイン・スポンサーになったからだ。

バルサの会長で街の実力者でもある、ジョゼップ・マリア・バルトメウとはいまでも昵懇の仲だ。丸顔にメガネの風貌から「Nobita（のび太）」と呼ばれる。バルトメウに「のび太」のあだ名をつけたのはバルサの選手たちである。ヨーロッパ、南米、アフリカなど世界各国から集まったスター選手たちの〝共通言語〟は、なんと日本の漫画「ドラえもん」だった。

2015年、スペイン国内リーグの「リーガ・エスパニョーラ」で優勝を決めたあと、選手たちがバルトメウを中心に歓喜の輪を作り「ノビタ、ノビタ！」と合唱した。

バルセロナっ子のバルトメウは11歳から「ソシオ」と呼ばれるバルサ・サポーターの会員で、

港湾関連の機械を手がける会社の経営者でもある。最初から三木谷とはウマが合った。

だがこの日の三木谷のお目当てはバルトメウでもメッシでもなかった。

「モバイル・ワールド・コングレス（ＭＷＣ）」。毎年この時期にバルセロナで開催される世界最大の通信ビジネス国際見本市で、各国の主要な携帯電話事業者、機器メーカーが集結する。

すでにＭＮＯ（Mobile Network Operator　自前の回線を持つ移動体通信事業者）として日本の携帯電話事業に参入する腹を固めていた三木谷は、通信分野の人脈を広げるためバルセロナに乗り込んだ。楽天が総務省から周波数帯域を割り当てられることが正式に決まるのは２ヵ月後の４月のことだが。

携帯通信の会社ならアメリカの「ベライゾン」やスペインの「テレフォニカ」、通信機器メーカーならフィンランドの「ノキア」や中国の「華為技術（ファーウェイ・テクノロジーズ）」、通信向け半導体メーカーならアメリカの「クアルコム」や「エヌビディア」。広大な会場には世界中の携帯電話関連企業が、巨大なブースを構え、競って最先端の技術を展示している。中でも企業別で最大のブースを構えたファーウェイは、無人で運行される「空飛ぶタクシー」の展示で来場者の度肝を抜いた。ＮＥＣ、富士通など日本勢はすっかり隅に追いやられた感がある。

三木谷は各社のブースを訪れ、その首脳陣から直接、話を聞いた。楽天がアポを申し入れると、ほとんどの会社の首脳陣が時間をくれた。

「ああ、バルサのスポンサーのＲａｋｕｔｅｎですか」

世界の通信業界で無名の楽天が各社首脳のアポを取る際に、バルサのスポンサーとして名前が知られていることは大いに役に立った。

5500万ユーロ（約71億円）×4年の本契約とプラス1年のオプション行使で、楽天はバルサに総額355億円を投じた。元バルサのアンドレス・イニエスタを年俸33億円でヴィッセル神戸に連れてきた。これら巨額投資は「三木谷の道楽」と批判された。

だが三木谷にすれば、それはインターネットの世界企業になるための〝入場券〟のようなもので、必然の投資だった。

「楽天」の名前が日本で知られるようになったのは2004年にプロ野球に参入してからだ。「ITベンチャーには分不相応」と言われたが、弱小球団でも毎晩のスポーツニュースで「楽天」の名前が連呼される効果は大きく、楽天は全国区の企業になった。

今度は世界でそれをやる。米国でもIT業界の人間は楽天と三木谷浩史を知っている。だが欧州、台湾を除くアジア、南米では、まだ「楽天？　なにそれ？」である。世界に出るなら、それでは困る。世界中の人々、なかんずく世界のエスタブリッシュメントの輪に入るチケット代と考えれば、355億円は高くないかもしれない。

今回、バルセロナのMWCで三木谷が「どうしても会いたい」とリクエストしていた会社があった。インドの新興通信会社、「リライアンス・ジオ・インフォコム」（以下ジオ）だ。インド屈指の財閥リライアンスがジオを設立して携帯電話事業に参入したのは2016年。まっさらの状態からインフラ整備を始めた最後発であるにもかかわらず、わずか4年で加入者数4億人を超え、世界3位にまで駆け上がった。そのスピードの秘密を三木谷は知りたかった。

ジオのアポイントを取り付けたのは米通信機器大手「シスコシステムズ」の日本法人社長から楽天に移った平井康文。日本IBM、マイクロソフトを経てシスコに入り、米本社の副社長も務めた平井は、世界の通信関連企業に顔が効いた。

平井のアレンジで三木谷はバルセロナを訪れていたジオの幹部たちとの面談にこぎつけた。MWCのシスコのブースで、バルセロナに来ていたCTO（最高技術責任者）を含む4、5人と話をした。

三木谷の関心は最後発のジオがどうやって先行する大手を出し抜いたか、そして設備投資額を抑制したかにあった。ジオの幹部は三木谷らの質問に丁寧に答えてくれたが、その中に面白いことを言う男がいた。

「固定通信と同じように、モバイルもやがては仮想化していく。実現すれば設備投資は劇的に安くなる。私に言わせれば、すでにそれは可能な技術だ」

目を輝かせてそう話す男は、名をタレック・アミンといった。MWCの視察を終えて帰国した後、三木谷が言った。

「彼の話が一番面白かったな」

月額1ドルの携帯電話

後日、楽天のスタッフがアミンの経歴を調べると、やはり、ただ者ではなかった。世界の通信機器大手を渡り歩く凄腕のエンジニアだったのだ。

見るからに顔の濃いアミンにはアラブとロシアの血が流れている。ヨルダン人の父は心理学のスペシャリストでヨルダン情報庁の高級幹部だった。母はロシア人の数学教師。イスラエルやパレスチナ暫定自治区と国境を接する国で、諜報を生業とする父と数学者の母の間に生まれた子供がどんな風に育ったかは、およそ想像がつくだろう。

1972年8月にヨルダンの首都アンマンで生まれたアミンは幼い頃からコンピューターにのめり込み、12歳のときには学校でコンピューター工学を教えていた。

アンマンでは裕福な部類に入る家庭だったが、両親は贅沢を好まず、子供の教育にひたすらお金をかけた。地政学的に難しいお国柄もあり、両親は長男のアミンを米国に留学させ、次男と妹はヨルダンに残した。中東諸国の中では政情が安定しているヨルダンだが、一家がサバイバルするための一種のリスク分散なのだろう。

アミンはポートランド州立大学で物理学と電子工学を学び、優秀な成績で卒業した。在学中に半導体大手のインテルから入社の誘いを受けたが、モバイルネットワークに興味があったので96年に大学を卒業してエンジニアとして就職したのは米国3位の携帯電話会社の「スプリント・ネクステル」だった。6年後にソフトバンクの孫正義が1兆8000億円で買収する会社である。買収が数年ずれていれば、この天才は三木谷ではなく孫の部下になっていたかもしれない。

スプリントを皮切りに、アミンは米国2位の携帯電話会社「AT&Tモバイル」、4位でドイツ系通信会社の「Tモバイル」と渡り歩き、エンジニアとしての地歩を固めていく。そして08年、中国「ファーウェイ」に誘われ、米国法人のカスタマー・ソリューション担当上級副社長に就任する。

「地政学的な問題は深く考えずに入社したが、入ってみて、なかなか複雑なことになっていることを知った」という。

ファーウェイで働いていたある日、スプリント時代の友人から自宅に電話があった。

「インドでネットワークの仕事をやるつもりはないか」

通信事業への進出を目論んでいたインドのリライアンス・グループが、米欧中の通信業界を知り尽くしたアミンに目をつけたのだ。最後発で携帯電話に参入するリライアンスはどうしてもアミンが欲しかったのだろう。財閥の総帥、会長のムケシュ・アンバーニがビデオ会議で自らアミンを口説いた。

「ウチに来れば、君はいつの日か、自分の息子に『パパは13億人のインド人の生活を変えたんだよ』と自慢できる」

筆者が日本でインタビューしたとき、アミンはこのときのことをこう振り返った。

「あれは一生忘れられない面接だった」

アリババ・グループ創業者の馬雲（ジャック・マー）と「アジアナンバーワンの富豪」の座を競うアンバーニに、チャレンジ精神をくすぐられたアミンは２０１３年4月、技術部門担当の上級副社長としてリライアンス・ジオに移籍した。

インドを訪れたアミンが最初に驚いたのは、人の多さと貧しさだった。

14億人の中国に次ぐ13億８０００万人の人口を抱えるが、国内総生産（ＧＤＰ）は２・６兆ドルで日本の半分、中国の5分の1だ。日本人は月に80ドル、米国人は55ドルの携帯電話料金を支払っているが、インド人が払えるのは月に1ドル。その予算で通信ネットワークを作り上げなくてはならない。ほとんど不可能とも言えるミッションである。

しかし人口13億人のこの国には、不可能を可能にする力がある。人数が多いだけでなく理数系人材の宝庫なのだ。アミンのチームは世界屈指のレベルを誇るインド工科大学（ＩＴＴ）から、優秀な学生をいくらでも採用できた。

インドの通信インフラは古いので、ジオは基地局やアンテナを一から作らなくてはならなかった。しかし何せ予算は「１人１ドル」だから、米欧や日本のような高価な設備は使えない。

きびしい制約の中で、アミンは移動体通信のためのハードウェアとソフトウェアの切り離しに活路を見出した。それが「仮想化」である。これは、インターネットとパソコンの原形が誕生した1970年代初頭から始まるデジタルの歴史の節目節目で起きてきたイノベーションだ。ハードにソフトが組み込まれた専用機から、さまざまなソフトを入れることで何にでも使える汎用機へ。デジタルの進化が辿ってきた道を携帯電話でも実現すれば、設備投資の費用は劇的に下げられる。

しかし四六時中、自由に動き回り、時には自動車や電車に乗って時速100キロメートル以上で移動する何千万〜何億台もの携帯端末と基地局を結ぶ携帯ネットワークの仮想化には、さまざまな技術的なハードルがあり、これを実現した会社はまだ世界のどこにもない。

「その話、うちの三木谷にしてみないか」

いきなり携帯電話でハード・ソフトの分離を試みるのは危険だったので、アミンはまずWi-Fiで仮想化を試した。スマホやパソコンをWi-Fiに繋げる機能をソフトウェアに落とし込み、アクセスポイントに設置するハードを汎用の簡易な装置に置き換えたのだ。当時、アクセスポイントの専用機は１０００ドルしたが、機能の大半をソフトウェアに置き換えることで、ハードの値段は35ドルにまで安くなった。

アミンは35ドルのアクセスポイントをインド全土に設置した。その数１００万ヵ所。ＳＮＳやゲームのためにスマホを持つ若い世代は、データ通信さえできれば、通話ができなくても痛痒を感じない。アミンはWi-Fiを主力とするネットワークを構築し、携帯電話を破格の料金で提供した。これがウケた。ジオはあっという間にインドで１億人の利用者を獲得しナンバーワンに躍り出る。利用料が安いので売上高は大きくないが、利用者の数で言えば、ジオは世界３位の携帯電話会社になった。快進撃の立役者がアミンだった。

アミンが只者ではないと知った三木谷は平井に言った。

「もう一度、タレックに会ってきて」

平井はすぐにインドのムンバイに飛び、アミンとランチをともにした。

バルセロナで会ったときは上司の前で遠慮していたのかもしれない。今度は平井に向かって、あのときよりはるかに情熱的に仮想化の未来を語った。それは長く通信業界に身を置いてきた平井にとっていささか荒唐無稽に聞こえる内容だった。一方で平井は熱っぽく語るアミンが、心の内に何らかのストレスを抱えていることを感じ取った。

それはバルセロナで会ったとき、三木谷も感じたことだった。

「ひょっとしたら引き抜けるかもしれない」

だからこそ、わざわざ平井がインドまで会いに行ったのだ。平井はやんわり水を向けた。

「ジオで何か不満があるのかい」

アミンは正直に答えた。「ジオは素晴らしい会社だ。私の提案でWi-Fiネットワークの仮想化に成功した。でも携帯電話ネットワークの仮想化には腰が引けている。インドの人々は携帯電話に月1ドルしか払えない。あの国の13億人に携帯電話を行き渡らせるにはネットワークの完全仮想化しかない。それなのに……」

アミンの胸の内を知った平井は言った。

「その話、うちの三木谷にしてみないか」

平井に誘われたアミンは三木谷に会うため日本を訪れる。この時点でアミンはジオを去るつもりはなかった。アンバーニに三顧の礼で迎えられたジオでの処遇は悪くない。

アミンが唱える仮想化には及び腰だが、世界の通信大手の中で技術的に最もアグレッシブな会社であるのは間違いない。Wi-Fiの仮想化は成し遂げられたし、時間をかければ携帯の仮想化もやらせてもらえるだろう。一方、楽天という会社については「バルサのスポンサーをしている日本のＩＴ企業」くらいのことしか知らなかった。

通信の世界の「アポロ計画」

インドから東京に来て、楽天の本社を訪れたアミンは、三木谷の前で完全仮想化構想の全容を披露した。それはこんな内容だった。

①他の携帯電話会社が使っているようなネットワーク専用の高価な機器は使わず、ハードウェアは市販のサーバを使う。
②ネットワークのオペレーション（運用）をほぼ自動化し、自律したシステムを構築する。
③何百万、何千万という携帯端末とやり取りする信号を、巨大なデータセンターを作ってひとつのクラウドで処理する。

それは通信業界の常識を覆すとてつもなく野心的な計画だった。

かつてのワープロのように、携帯ネットワークでも、いずれハードがソフトに置き換わる。理論的にはそうなるはずなのだが、通信業界の常識は少し違っていた。

「それはまだ何年も先の話だ」

ジオでも経営陣は「まだ無理だ」と言い、アミンの構想が採用されることはなかった。

ましてや通信の素人である三木谷に理解できるはずがない。アミンはそう考えていた。実際、この時点で楽天が構築しようとしていたのは既存の通信会社と同じ、ネットワーク専用の通信機器を使ったインフラだった。三木谷はファーウェイを使って個別の機器の値段を安くし、3メガに対抗しようと考えていた。

ところがアミンの予想に反し、話が進むにつれて三木谷の目は爛々と輝き始めた。並の経営者は、千載一遇のビジネスチャンスや、画期的なテクノロジーと出会っても、リスクの大きさや失敗して被るダメージの深さに怖じけて、躊躇する。そして「できない理由」を探し始める。

しかし三木谷は「面白い」と思うと、英語で書かれた最新の研究論文を読み、疑問に思ったことはトップレベルの研究者に聞く。短期間に猛烈な勢いで知識を吸収し、ロジックを組み立てる。

携帯電話事業参入にあたり、通信を猛烈に勉強していた三木谷は、アミンの構想を理解した。恐れは消し飛んだ。世界で誰もやったことがない携帯ネットワークの完全仮想化。面白いじゃないか。

「タレック、それで行こう！」

「え？」

「それを楽天でやってくれ」

「ええ！」

アミンの言葉を借りれば、それは「My idea（私のアイデア）がOur idea（われわれのアイデア）になった瞬間」であり、「インド13億人の生活を変えよう」というムケシュ・アンバーニの一言を超える言葉だった。

2018年6月、アミンはジオから楽天に移籍し、長年温めてきた構想の実現に向けて動き始めた。携帯電話の仮想化は通信の世界における「アポロ計画」（1960年代の米NASAの有人月着陸計画）のようなものだ。「世界初」への挑戦はいつの時代も優秀な頭脳を惹きつける。世界の通信会社を渡り歩いてきたアミンが声をかけると「本当に仮想化をやれるのか？」と各国の精鋭が続々と楽天モバイルに集まった。

アミンがいかに異端のエンジニアでも、いきなり〝月着陸〟に挑む度胸はない。「東名阪の基幹通信網だけを仮想化し、その他の地域は従来方式で」というのが当初の計画だった。しかし計画を聞いた三木谷はアミンに言った。

「全部、仮想化で行こう」

「さすがに、それは……」

「仮想化はできるんだろ」

「できます」

「だったら全部それで行こう！」

三木谷はロジックの人である。猛烈に情報を吸収した後、それを頭の中で組み立て「こうすれば、こうなる」「こうなれば、次はこうなる」と囲碁や将棋の達人のように先を読む。

過去の常識や世間の批判で、確信が揺らぐことはない。三木谷に完全仮想化の可能性を見せたのはアミンだが、そのアミンですらビビるような三木谷の経営判断だった。アミンは言う。

「私に大きな夢があります。それは自分の子供にいつか『パパがＧＡＦＡを倒したチームの一員だったんだよ』と話すことです。楽天なら、それが可能だと思います」

２０２１年と２０２２年、楽天モバイルは、「モバイル・ワールド・コングレス（ＭＷＣ）」において、携帯電話の分野で最も革新的な事業を成し遂げた企業に贈られる「グローバル・モバイル賞」を２年連続で受賞した。日本の携帯電話料金を大幅に引き下げた完全仮想化技術に対する評価は、なぜか海外でのほうが高い。

「もういい、俺は心中する」

かつて、孫正義が率いるソフトバンクもテクノロジーで「世界」に挑んだことがある。２００

1年、世界で初めて「フルＩＰ（インターネット・プロトコル）のＡＤＳＬ（非対称デジタル加入者線）」を商用化した。通信容量はそれまでのネット通信の10倍、値段は半額を実現し、インターネット通信に一大旋風を巻き起こしたのだ。

このとき、楽天モバイルにおけるアミンのように「イノベーター（革新者）」の役割を果たしたのが、現ソフトバンク社長の宮川潤一《みやかわじゅんいち》と現常務の筒井多圭志《つついたかし》だった。

愛知県犬山市で臨済宗の住職の息子に生まれた宮川は、後継ぎになることを期待されて花園大学仏教学科に進んだ。だが88年に卒業すると、寺を継ぎたくない一心で犬山市の会計事務所に就職した。ここで会計を学びながらゴミ焼却炉の会社を立ち上げるが、当時、一部のマニアの間で広がり始めたインターネットに着目し、91年に中部地区をサービスエリアとするインターネット・プロバイダーの「ももたろうインターネット」を立ち上げた。

新しい技術が好きな宮川は当時のインターネットの主流だったダイヤルアップ（固定電話の通信網をそのまま使う接続方式）に代わり、ＡＤＳＬという技術を採用した。頭文字のＡ（Asymmetric《非対称》）の文字どおり通信の「往き」と「復《かえ》り」の速度が非対称で、端末（パソコン）側から見ると、往きが遅くて復りが速い。画像のダウンロードなど受信がダイヤルアップの10倍以上になるので、利用者は「速い！」と感じる。

ただしＡＤＳＬを使うには通信の基地局と端末を専用の機材につながなくてはならない。利用者側には「モデム」が必要だ。零細なプロバイダーとしては、専用の機材購入などで初期投資がかさむという問題があった。資金繰りを何とかするため宮川は、2000年に同じADSL方式のプロバイダー「東京めたりっく通信」との合弁で「名古屋めたりっく通信」を設立した。

2001年、この会社を買収しに来たのが孫だった。一国一城の主でいたかった宮川は二度ほど孫の申し出を断ったが、最後は孫の殺し文句にやられた。『孫正義300年王国への野望』（杉本貴司著）によると、それはこんな言葉だった。

「君は名古屋で終わる気か？」


一方、孫が「天才」と呼ぶ筒井は、子供の頃からコンピューターに魅せられ、高校3年生のときにインテルのICチップを買って自作のパソコンを作った。まだインターネットのない時代だったが、東大工学部に進んでからも実家からの仕送りの大半をパソコン作りに注ぎ込んだ。その後、京大医学部に入り直したが、そこでも大型計算機センターの図書館にこもってコンピューター関連の本や論文を読み耽った。

大学4年の在学中にソフトウェアハウスを立ち上げ、この頃、最先端と言われていたコンピューターのOS（オペレーティング・システム＝基本ソフト）の「UNIX（ユニックス）」に対応したソフトを開発していた。

同じ時期にUNIXに注目し、この技術に詳しい人間を探していた孫は、コンピューター雑誌に広告を出していた筒井に目をつけた。孫の秘書が筒井の会社にいきなり電話をかけてきて「うちの社長が今度、ＵＮＩＸの商談でアメリカに行くから、同行してほしい」と依頼してきた。これが筒井と孫の出会いである。

その後、ＡＩ（人工知能）に興味を持った筒井は、帝京大学理工学部情報科学科の講師や、森ビルが経営するアーク都市塾の助教授などをしながら研究に没頭し、10年ほど孫との連絡は途絶えた。しかし２０００年、通信事業への参入を決めた孫は「天才・筒井」をソフトバンクに呼び寄せる。

「お前、大学で遊んどるヒマはないぞ」

「ブロードバンド」と呼ばれた高速ネット通信の黎明期、孫は筒井という天才軍師を手に入れた。天才はいきなりとんでもない戦略を孫に進言した。

「どうせADSLをやるのなら、フルＩＰ（インターネットの通信方式）でいきましょう」

それまでのインターネット通信はＡＴＭ（非同期転送モード）という電話の延長線上にある技術を使っていた。筒井は「フルＩＰなら通信速度は20倍以上になる」と主張した。

しかしネット先進国のアメリカでも当時はＡＴＭが主流である。フルＩＰのインターネット通信など、世界の誰もやったことがない。筒井の話を聞いて目の色が変わったのは孫だけで、他の役員は「そんなギャンブルをしたら、会社が潰れてしまう」と尻込みした。

やるべきか、やらざるべきか。堂々巡りの議論に孫が切れた。

「もういい。俺は筒井と心中する！」

ブロードバンドの事業部はその頃、ソフトバンクの本社があった東京・箱崎の雑居ビルに拠点を構えた。立ち上げに失敗すればソフトバンクも一巻の終わりだ。

孫は全役員の反対を押し切ってフルＩＰのＡＤＳＬサービスを決めた。「Ｙａｈｏｏ！ＢＢ」のブランドで世界最速（当時）のブロードバンド・サービスを開始した。

２００６年、孫は不振に陥っていた「ボーダフォン」の日本法人を買収。宮川、筒井を引き連れて巨艦ＮＴＴドコモに挑んだ。２００８年には他社に先駆けてアップルの「ｉＰｈｏｎｅ」を日本で販売し、通信市場を沸騰させた。

孫の起業家引退

ソフトバンクは日本の携帯電話市場で「３メガの一角」という地位を手に入れた。ソフトバンク・グループの携帯電話子会社ソフトバンクは、２０２３年3月期、1兆６００億円の営業利益を稼ぎ出した。グループの打ち出の小槌だ。同期の加入者は４７００万人。雑居ビルから始まったスタートアップ企業が20年の時を経て、堂々の大企業、「持てる者」である。

だが、孫はそれで満足する男ではなく、当然のように世界を獲りにいった。2013年、216億ドル（約1兆8000億円）をかけて米携帯3位の「スプリント・ネクステル」を買収、海外の携帯電話市場に打って出た。孫は返す刀で米4位の「Tモバイル」の買収に乗り出す。3位と4位を統合すれば、「ベライゾン」、「AT&Tモバイル」の2強に肉薄する。

世界の壁を突き破ろうとする孫の前に立ちはだかったのが米国の連邦通信委員会（FCC）だった。大手4社が3社になることにより「携帯電話市場の寡占化が進み、競争が阻害される恐れがある」。そう主張するFCCはなかなか合併を認可せず交渉は泥沼化する。

そうこうするうちにスプリントの業績が悪化していき、逆にTモバイルがスプリントの買収に乗り出した。

ドナルド・トランプ大統領への政権交代もあり、20年4月にはTモバイルによるスプリント買収が認められることになった。スプリントの株主だったソフトバンクは合併した新会社の大株主になったが、経営の主導権はTモバイルにある。結局、孫は新会社の株をTモバイルに売り、米国の通信市場から撤退することを決めた。

この頃から、孫は「事業」への熱意を失い始めたように見える。8年に渡ったスプリント立て直しと、合併を認めさせるための米政府との交渉は、孫を激しく消耗させた。

1957年生まれの孫は2017年に還暦を迎えた。かつて孫は「60歳で引退」を公言しており、「後継含み」でグーグル副社長のニケシュ・アローラを引き抜いたこともあった。だが結局、継承には至らないままアローラはソフトバンクを去り、孫は自嘲気味に「70歳を過ぎても社長をやっているかも」と言う。

ただ残り時間が少なくなっていることを、誰より強く意識しているのは他ならぬ孫自身だろう。スプリントのような手間のかかる仕事は、できてもあとひとつ。そこで孫は自分の立ち位置を大きく変える。

２０２０年2月12日に開かれた20年3月期第３四半期決算説明会で、ついに「起業家引退」を宣言する。

ステージのモニターに奇妙な絵が示された。一方から見ると耳の長いウサギ、反対から見ると嘴の長いアヒルに見える「だまし絵」だ。この絵を指差しながら、孫は語った。

「どちらから見るかによって見え方が変わりますが、いまのＳＢＧ（ソフトバンクグループ）は投資会社であり、事業会社ではありません。投資会社であるＳＢＧという会社は営業利益ではなく、株主価値で評価するのが正しい。営業利益は忘れていい数字です」

この期の営業利益はたったの26億円。２兆円超の売上高から見れば、あってないような金額だが、保有する株式の価値は31兆円。ここから6兆円の純有利子負債を引いた株主価値は25兆円。「この数字でＳＢＧを評価してほしい」というのである。

聞き捨てならない発言だった。持株会社であるＳＢＧの下にはソフトバンク（携帯会社）やヤフー（現・Ｚホールディングス）がぶら下がっている。そこで働く社員たちは1億円の営業利益を稼ぎ出すために汗水たらしているのだ。

質疑応答で、筆者は手を挙げて孫に問うた。

「今このときも、ソフトバンクやヤフーの社員は営業利益を稼ぐために必死に働いているわけです。それを孫さんに、営業利益などどうでもいい数字と言われたのでは、彼らの立つ瀬がないのではありませんか」

孫は待ち構えていたように言った。

「私もずっと事業会社のトップをやってきた人間ですから、利益の大切さ、それを稼ぐ大変さは身に染みて知っております。しかしSBGは事業会社ではなく投資会社なので、それにふさわしい尺度で評価してもらいたい。尺度の問題であってどちらが尊い、という話でもない」

なんだか煙に巻かれたようで納得がいかず、重ねて聞いた。

「ではこれからは孫さんのことを事業家ではなく投資家と呼んでいいですか」

意図的に棘《とげ》のある質問をした筆者に孫はにっこり笑って切り返した。

「事業家が尊くて投資家は胡散臭《うさんくさ》いというのでは、（世界屈指の投資家）ウォーレン・バフェットの立つ瀬がありませんね」

そして何かを考えていたのか、しばらく黙り込むと、やがて顔がパッと明るくなった。

「私は『情報革命家』です。それではわかりにくいというのなら、投資家でもいい。先だって台湾に行ったとき、台湾の新聞が『日本の冒険投資家がやってきた』と書きました。私はウォーレンのような『賢い投資家』ではありませんが、『冒険投資家』です。そうだ！『冒険投資家』がいい」

孫はその場で思い付いた「冒険投資家」のフレーズがたいそう気に入ったようだった。

ソフトバンクグループは事業会社ではなく、投資会社。孫自身は「冒険投資家だ」というのである。携帯電話などの事業の一つ一つにコミットする「経営者」から、サウジアラビアの富豪とつくった「10兆円ファンド（ソフトバンク・ビジョン・ファンド）」に軸足を移し、残りの人生は「投資家として生きる」というわけだ。

携帯電話事業をめぐる経緯を振り返ると、三木谷と孫の違いが見えてくる。三木谷は自分たちで免許を取ることから始め、アミンを仲間にして完全仮想化ネットワークを設計し、自分たちで1本ずつアンテナを立てた。孫は兆円単位の巨額投資で、すでに国から免許を得ているネットワークを持つボーダフォンやスプリントを買収した。

自分の手でブロックをひとつずつ積み上げていくのが三木谷で、出来上がった〝作品〟をどんと買うのが孫。三木谷は根っからの事業家で、孫は投資家の色が濃い。

プロ野球でも孫はダイエーホークスという出来上がった球団に投資して常勝軍団を手に入れたが、三木谷はオリックスに行き損なった選手と他球団でお役御免になった選手を集めてゼロからイーグルスを立ち上げた。現在の楽天グループを支えているのは三木谷が「ハンズ・オン」（経営に深くかかわること）の文字どおり、手ずから育てた「楽天市場」や「楽天カード」からの収益だが、ソフトバンクグループを支えているのは、孫が見つけて投資したアリババ・グループの資産価値である。

投資家と事業家は資本主義を回す両輪であり、孫の言うとおりそこに貴賤の差はない。

「気がついたら、みんな一線を退いちゃってたんだよなあ」

世界的なベストセラー『21世紀の資本』の中でトマ・ピケティが明らかにしたように、現代の資本主義社会では、「r＞g」、つまり資本収益率は経済成長率より大きい。

事業の成長より投資のリターンを選んだ孫のソフトバンクグループとソフトバンクの株式時価総額の合計が、楽天グループの10倍を超えているのは必然かもしれない。賢く投資すれば効率よく資本を増やすことができる。

事業は血を流しながら一歩ずつ進む地上戦である。三木谷は泥臭い地上戦を好む。アミンが驚いたことがある。三木谷は毎朝、オフライン、オンラインのいずれかで楽天モバイルの主要メンバーを集めた1時間の「ハドル・ミーティング（現場会議）」を実施した。アミンは言う。

「信じられますか。2年間、毎朝ですよ。トップがリアルタイムで問題を共有し、その場で意思決定をする。世界中の会社で働いてきたが、そんな会社は見たことがない」

三木谷は自分の手でひとつずつブロックを積み上げ、事業を構築していく。崩れては積み直し、また崩れては積み直す。もっと要領のいい方法があるはずなのに、三木谷は飽くことなく、それを繰り返してここまできた。

創業者として、ひらめきを事業にするのは楽しい。だがCEOとして何万人もの従業員を率いてその事業を持続して全国、全世界に広げていくには気の遠くなるような努力が必要だ。自分の頭脳、自分の精神、自分の時間のすべてを注がなければ続けられない。大谷翔平が二刀流を維持するためにとてつもないトレーニングを続けるのによく似ている。

このためシリコンバレーで成功し何百億ドルという個人資産を手にした起業家たちは、孫と同じような投資家や、ビル・ゲイツのような社会活動家に転じていく。だが三木谷は驚くべき粘着質で事業家を続けている。

2022年2月、楽天モバイルは3月30日付でアミンが代表取締役共同CEO、楽天市場の叩き上げで三木谷の〝懐刀〟である矢澤俊介が代表取締役社長に就任する人事を発表した。三木谷は自分がハンズ・オンで前線に立たなくてはならない最も苦しい時期は乗り越えたと判断したのだろう。それでも三木谷は楽天モバイルの代表取締役会長であり、日々の細かい数字に逐一目を通している。

けっして平坦な道ではなかった。

２０２０年春にサービスを開始し、人口カバー率が96％を超えてからも片時も気が休まるときはなかった。大規模な通信障害を起こせば「やっぱり楽天モバイルはダメだ」と利用者に見放されていただろう。「つながりにくい」と言われながら、毎日、どこかで新しいアンテナを立て、総務省に届け出ていた目標を大きく上回る4万４０００局の基地局を開設した（22年2月）。

多摩川を見下ろす楽天クリムゾンハウスで、自分専用の青汁付き温野菜ランチをつつきながら、三木谷はぽつりとつぶやいた。

「気がついたら、みんな一線を退いちゃったんだよなあ。残ったのはイーロン（・マスク）と俺くらいか」

21年7月にはネット通販でしのぎを削ってきたジェフ・ベゾスがアマゾン・ドット・コムのCEOを退任した。ベゾスは社員宛てにこんなメッセージを残した。

「アマゾンのCEOであることは深い責任があり、消耗するものだ。このような責任を背負っている間はほかのことに注意を向けるのが難しい」

ベゾスが言う「ほかのこと」とは、「ベゾス・アースファンド」という環境問題を研究する基金の運営であり、宇宙開発会社「ブルー・オリジン」や２０１３年に買収した有力紙「ワシントンポスト」の経営である。

グーグル創業者のラリー・ペイジとセルゲイ・ブリンも2019年にCEOを退任した。ベゾスは三木谷よりひとつ年上だが、イーロン・マスクは1971年生まれで6歳若い。ビル・ゲイツがマイクロソフトの経営から手を引いたのは53歳のときだ。米国のネット業界なら三木谷も、とっくに引退している歳である。

個人でプライベート・ジェットを持っているとはいえ常に機上の人であり、地上にいるときはオンラインでミーティング漬け。しかも会う人、会う人が各国の政官財のトップレベル。楽天市場の商品配送が遅れても、携帯電話がつながりにくくても、サッカーや野球で負けても、全部「三木谷のせい」になる。きつい仕事だ。

しかし孫正義が投資家に転じてしまった今、日本のIT・ネット業界を牽引できる実業家は三木谷しかいない。

安息の日々が訪れるのは、まだ当分先の話だろう。

海賊の仲間たち——②

矢澤俊介

YAZAWA SHUNSUKE

駅前留学の営業マン、社長になる

新社長は「駅前留学」の営業マン

「楽天モバイルは次のステップに進む」

三木谷がそう宣言したのが、２０２２年3月30日付で発令された楽天モバイルのトップ人事である。前章で述べたように会長兼ＣＥＯだった三木谷が会長に退き、副社長のタレック・アミンがＣＥＯ、同じく副社長の矢澤俊介が社長に就任した。アミン49歳、矢澤41歳。40代のツートップである。

完全仮想化の立役者で、世界の通信業界に顔が効くアミンのＣＥＯ就任は分かる。しかしなぜ「たたき上げ」の矢澤が社長なのか。そう尋ねると、三木谷は「当たり前だろ」という表情でこう言った。

「あいつは楽天流の体現者だから」

三木谷が言う「楽天流」とは、大学の体育会さながらの「身体性」を指す。その典型が、週に1度、全スタッフが行うデスクまわりの掃除だ。三木谷以下、役員・社員の全員が、自分の机やイスの脚まで、雑巾できれいに拭く。

三木谷は楽天グループが事業を通じて実現しようとしている価値観を「ブランド・コンセプト」と称して5つの四文字熟語で表現している。

「大義名分」
「品性高潔」
「用意周到」
「信念不抜」

この4つを三木谷の父・良一が息子に授け、三木谷がそこに「一致団結」を加えた。ネット企業らしからぬ古めかしい標語こそ、三木谷という経営者が持つもうひとつの特性を象徴している。前章で見たように、三木谷はデータに基づき、ロジックで経営判断を下す。しかし、学生時代、一橋大学テニス部主将として弱小チームを率い、その後就職した興銀（日本興業銀行、現・みずほ銀行）の9年間、実務に携わった三木谷は、大きな判断を実現するのはひとつひとつの小さな行動の積み重ねであることを知っている。

だから「頭でっかちにならず、体を動かせ」と社員に説き、自ら雑巾を持って社員と同じ作業をする。グーグル、アマゾンといったシリコンバレーのテック・ジャイアントを思わせる二子玉川の洒落たオフィスで、全社員が腰をかがめて雑巾掛けをする様子は、楽天の企業文化が米欧と日本のハイブリッドであることを示している。

三木谷は人事でも「身体性」を大切にする。その象徴が矢澤俊介だ。長身痩躯《そうく》で色白の矢澤は、目から鼻に抜けるようなタイプではなく、まわりを安心させるほんわかした雰囲気を持つ。仕事になると、理屈を並べる前にとにかく体を動かす。

東京の中堅どころの私大を出た矢澤は、営業マンとして「駅前留学」で有名な英会話のNOVAに入社した。入社3年目のとき、自分の面倒を見てくれていたNOVAのマネージャーが楽天に転職した。矢澤は見捨てられたような気持ちになったが、1ヵ月後、そのマネージャーから「お前も来いよ」と誘われ、楽天に入った。2005年6月のことだ。

クルマも半額、カニも半額

楽天に入社した矢澤の仕事は「ECコンサルタント」。ネット通販（EC）の楽天市場に出店する店舗からの「どうやったらネットで売り上げを伸ばせるか」という相談に乗る役回りだ。北海道から沖縄まで週の半分は全国を飛び回り、地方の中小企業経営者と知恵を絞った。

矢澤が担当した店舗の中に名古屋に本社を置く「オークローンマーケティング」という会社があった。社長のロバート・ローチは学生時代に交換留学で名古屋の南山大学に来たことがあり、デンバー大学を卒業後、名古屋に戻ってテレビ通販のビジネスを始めた。

そのオークローンマーケティングが通販で細々と売っていたのが「ビリーズブートキャンプ」。米国出身の黒人格闘家、ビリー・ブランクスが米軍の新兵向け基礎訓練をベースに考案したエアロビクス体操のインストラクション・ビデオだ。

「さあ行こう！」「もう一回！」「グッジョブ！」

ビートの効いた音楽とビリー隊長の掛け声に乗せられ、きついトレーニングを楽しく続けられるところがミソだ。

「これはいける！」と矢澤は直感。名古屋に飛んで行ってローチに掛け合い、楽天市場で大々的に売り出した。これが月に1億円売れるおばけ商材になった。あまりに売れたのでプロモーションで来日したビリー隊長が、当時は六本木ヒルズにあった楽天本社を表敬訪問したほどだ。この成功で「楽天市場に矢澤あり」と社内で認められるようになり、三木谷の目にも止まった。

2011年の年末、31歳でペット用品のマネージャーになっていた矢澤は、三木谷に呼び出された。

「アリババが1日で1兆円売ったらしいぞ」

ジャック・マー（馬雲）が創業し孫正義が出資した中国のEC大手、アリババ・ドット・コムは1が4つ並ぶ11月11日の「独身の日」に、大安売りのセールを始めた。日本を抜きGDPで世界第2位に躍り出た中国大衆の購買力は凄まじく、独身の日はアメリカでクリスマスセールの初日に当たる11月第4金曜日、「ブラック・フライデー」を抜いて「世界でいちばんものが売れる日」になった。

「うちもやるぞ。お前、考えろ。来年の1月。とりあえず1日100億円な」

「いや1月ってのは、ちょっと……」

「いつならできる？」と迫る三木谷の圧力に負け、矢澤は「じゃあ3月」とつい答えてしまった。

楽天市場で空前のヒットとなった「ビリーズブートキャンプ」の売り上げが1ヵ月で1億円であることを考えれば、1日100億円がいかに途方もない数字であるかがわかるだろう。このときの矢澤は一介のカテゴリー・マネージャーにすぎない。「1日に100億円売ろう」と言ってもまわりは「お前が勝手に社長と約束しただけだろ」と動いてくれない。当時の楽天市場の1日の最高売り上げは50億円である。

「だいたい、1日100億円なんて、できるわけないだろ」

周囲の冷たい視線を浴びながら、矢澤は楽天市場の全国の有力店舗に足を運び、「目玉商品を出してください」「半額セールに協力してください」と頭を下げて回った。当時、楽天が本社を構える品川シーサイドのビルに1000人の店舗関係者を集め、お揃いのTシャツを配った。胸には「この日、日本の景気が動く」の文字。矢澤が音頭を取り「えい、えい、おー！」と気勢を上げた。

1日100億円を達成するため、矢澤は三木谷に一つだけ頼みごとをした。

「テレビ・コマーシャルを使わせてください」

前職のNOVAも爆発的に顧客が増えたのは、「いっぱい聞けて、いっぱいしゃべれる」の歌に乗って踊る「NOVAうさぎ」のテレビCMがきっかけだった。三木谷は「広告もネットの時代。テレビCMは時代遅れ」と考えていたが、矢澤は「多くの人にリーチする力はテレビCMのほうが上」であることを経験で知っていた。

「クルマも半額、カニも半額」

矢澤が案を出したド派手な楽天市場のテレビCMは、消費者の心を掴んだ。今や毎年恒例になっている「楽天スーパーセール」の始まりだ。あらゆるジャンルで「半額」の目玉商品を並べ、楽天市場の中で通貨として使える「楽天スーパーポイント（現在は楽天ポイント）」も大盤振る舞い。これまで楽天市場を使ったことのない人々がドッと押し寄せ、1日127億円を売る大成功を収めた。

三木谷もテレビCMが好きになり、川平慈英を使った「楽天カードマン」や米倉涼子を起用した「楽天モバイル」などの、ド派手な映像が楽天のテレビCMの系譜になる。

楽天市場とアマゾンのサイトを比べ「楽天はダサい」という声を聞く。テレビCMも洗練されているとは言い難い。だがそこには三木谷なりの狙いがある。

「うちのサイトはニューヨークの五番街じゃなくて、アジアのバザール。スッキリしてないけど猥雑で、なんか面白いものがあるんじゃないかとワクワクする。かっこよくしなくてもいいいんだ」

こうした大衆心理を楽天の中でいちばん理解しているのが矢澤である。臆面もなく「カニも半額」とやれる矢澤は、入社7年目、32歳の若さで営業統括の執行役員に抜擢された。以来、三木谷は矢澤を懐刀として常にそばに置くことになる。

8人の戦国武将と蘭丸

矢澤が楽天モバイルの社長に就任する前年、楽天の連結売上高は1兆6800億円（2021年1～12月）の巨大企業になった。三木谷のまわりを固める経営陣は凄腕揃い。その布陣は1人の副会長と8人の副社長で構成されている。

オリックス・クレジット出身で代表取締役副会長の穂坂雅之《ほさかまさゆき》は、金融事業全般を預かる。経営陣の中では穂坂と、後述する武田和徳《たけだかずのり》と廣瀬研二《ひろせけんじ》が三木谷より年上で、三木谷の相談に乗る役回りだ。副社長でトヨタ自動車出身の百野研太郎《ひゃくのけんたろう》はグループの戦略全般に目を配る軍師。米通信機器大手シスコシステムズの出身で英語とチェロを操る平井康文は海外戦略の要《かなめ》。業界の活動や政府との折衝もそつなくこなす。百野と同じトヨタ出身で、トヨタの社長、会長を歴任した張富士夫《ちょうふじお》にトヨタ生産方式の神髄「カイゼン」を叩き込まれた武田和徳は事業の現場で無類の統率力を発揮する。「頼まれたら嫌と言わない男」と呼ばれるCFOの廣瀬研二は旧三和銀行（現・三菱UFJ銀行）出身で、財務と経理の両方を預かるスーパーサブ的な存在だ。

この6人はそれぞれが前職でそれなりの地位にあり、三木谷に口説かれて楽天に入った。織田信長のもとに集まった戦国武将といった趣だ。一国を納められる器であり、三木谷に任された領地を守っている。

武将とは少し異なる立場で三木谷を支えるのが創業メンバーの小林正忠《こばやしまさただ》。スキンヘッドの小林は、社内外で「せいちゅうさん」と親しまれ、社員の幸せや楽天の社会貢献を考えるCWO（チーフ・ウェルビーング・オフィサー）を務めている。2019年にはタレック・アミン、22年4月には高澤廣志と河野奈保が副社長に加わった。

重厚感のある楽天本体の役員陣の中で矢澤は異質だ。大学を出てから3年ほどNOVAに勤め25歳で楽天に入った矢澤は、ほとんど新卒のようなもの。楽天本体の武将たちのように三木谷に直接、誘われたわけではない。だが不思議なことに三木谷がプライベートのときに声をかけるのは矢澤だ。相手の都合で夜の会食が突然なくなったとき「メシ、行くぞ」と三木谷に誘われるのは矢澤。週末の予定が空いたとき、ゴルフに誘われるのも矢澤である。

仕事で日々、三木谷と濃密に接する武将たちは、プライベートの場面ではあえて距離を取ろうとしているようにも見えるが、矢澤だけは一年中、公私の区別がほとんどない。仕事の場面でも矢澤は、有力武将のように領地を与えられていない。執行役員になったときの担当は楽天市場だが、ここは三木谷が直轄する「天領」であり、矢澤は三木谷の意を受けて現場を動かす役割だ。

時間的に言えば、かつて三木谷の側に最も長くいたのは、「あんこう」こと、社長室室長の安藤公二だった（23年退任。現・日本セーフティー社長）。予備のスマホ数台と山ほどのバッテリーから、ミネラルウォーター、のど飴まで、三木谷が日常的に必要とするもの一式を詰め込んだリュックを背負い、SPのように三木谷に寄り添っていた。

だが仕事以外の場面になると、安藤と矢澤が入れ替わる。矢澤と三木谷の距離感は信長の小姓、森蘭丸を思わせる。本人に聞いてみたことがある。

「矢澤さんは森蘭丸のように三木谷さんの側にいますが、それだけ近いと、まわりからのやっかみもあるのでは」

矢澤は動じる様子もなく答えた。

「そうかもしれません。三木谷はオンのときは常に凄まじく気を張っている。オフのとき、僕がいることで少しでもリラックスできるのなら、僕はなんと言われようと気になりません」

「アンテナを立てさせてください」

蘭丸・矢澤が三木谷に「（楽天）モバイルをやれ」と言われたのは2018年10月。

このとき楽天モバイルは、新技術に挑むベンチャーが必ず味わう「プロダクション・ヘル（生産地獄）」の真っ只中にいた。完全仮想化のネットワークはタレック・アミンの頭の中でこそ完成していたが、実際にアンテナを立て基地局を開設し何百万人が使えるリアルの通信網を構築するのは別の話である。

理論上「これでつながるはず」と考えたアンテナの数ではまったく足りず、おまけにアンテナ設置が遅々として進まない。携帯電話の素人だった楽天はアンテナ、基地局など通信インフラの設置を、3メガのインフラ建設で実績のある建設会社に任せていた。ところが彼らの仕事の進め方は、NTTドコモの前身の電電公社時代のままの「お役所仕事」そのものであり、楽天のリズムとまったく合わない。

楽天モバイルの建設部隊が入る東京・新橋のビルに矢澤を伴って視察に行ったとき、現場の説明を聞き終わった三木谷は、矢澤を連れて近くの喫茶店に入った。

「あれじゃダメだろ」
「ですね」
「アンテナ設置もウチ主導でやる。お前が指揮を取れ」
楽天スーパーセールを始めたときと同じように、三木谷は矢澤に難題を与えた。アンテナ設置は、地権者やビルオーナーとの交渉による設置場所の確保から始まり、本当に電波がつながるかを調べる用地調査、そして建設。このサイクルをひたすら繰り返す地道な仕事だ。全国をカバーするには4万局を超える基地局が必要と考えられていた（その後2023年には基地局は9万局を超えるが、それでも「つながりにくさ」が解消されず建設が続いている）。

スポーツで言えば辛い基礎トレーニングのようなものだが、サービス開始は2020年春と決まっている。のんびりやっている暇はない。

都心の一等地でアンテナの設置に適した好立地はすでに3メガに占拠されていた。とくに東京駅、渋谷のスクランブル交差点といった、通信量が膨大になるポイントでは、簡単にはアンテナを立てる場所が見つからない。

グループの総力を注いでも設置のペースは思うように上がらない。電波の割り当てをもらうとき総務省に提出した設置計画を達成できず、何度も行政指導を受けた。

矢澤は楽天市場に出店している全国の中小企業、楽天トラベルの取引先である全国のホテル・旅館、ゴルフ場予約サービスの「楽天ＧＯＲＡ」で付き合いのあるゴルフ場など、楽天グループが関わるすべての取引先に頼んで、アンテナの設置場所を探した。

矢澤が地上戦で苦戦を強いられている頃、三木谷は自分にしかできない空中戦、つまりトップセールスで援護した。

２０２０年の秋、三木谷は東京・丸の内に本社を構える大企業のトップを訪ねた。

「できるだけ早く、お会いしたい」

秘書を通じて約束を取り付けた三木谷は、半ば強引にその会社に押し掛けた。

「お忙しい三木谷さんがわざわざお越しになるなんて、いったいどういう風の吹き回しですか」

三木谷の急襲を受けたトップは、怪訝《けげん》な顔で尋ねた。三木谷は、いきなりガバッと頭を下げた。

「アンテナを立てさせてください」

「アンテナ？」

「御社の中庭に携帯電話のアンテナを立てさせていただきたいのです」

「うちの中庭に？」

「はい。賃料はお支払いします。できるだけ早く工事をさせてください」

携帯の利用者が密集する丸の内は、立錐の余地もないほどびっしり他社のアンテナが張り巡らされていた。矢澤が率いる地上部隊は立ち往生していた。ようやく見つけた〝穴場〟が、この中庭だった。

三木谷は自らビルを所有する会社に乗り込み、トップ交渉でアンテナの設置場所を確保したのである。大手家電量販店、大手コンビニチェーン、日本郵政。三木谷はアンテナが設置できそうな場所を持つ企業のトップのもとに足を運び、こう言って協力を求めた。

「われわれは、ただ単にアンテナを立てているのではありません。日本の未来を建てているのです」

「時速100キロメートルで匍匐前進を続けた3年間」

後に矢澤は、アンテナを立て続けた3年間をこう振り返る。そして2022年2月、肘と膝を擦りむきながら匍匐前進し続けた楽天モバイルの〝基地局設置部隊〟は総務省に届け出ていた当初の目標である人口カバー率96％に辿り着いた。

楽天イズムで言えば「信念不抜」。英語にすれば「Get Things Done!（やり切れ）」。言い訳をせず、黙々と体を動かして目標を達成した矢澤を、三木谷は楽天モバイルの社長に据えた。地道にアンテナを立て続けた矢澤の3年間を知る社内に、異論はない。

ロジック（論理）のタレック・アミンとフィジカル（身体性）の矢澤。楽天モバイルのトップを担う二人は、ロジックで決断し体を動かして事業を作る三木谷流ハイブリッド経営の体現者でもある。

「ベンチャーだか便所だか知らんが……」

「投資家」になった孫正義にも、かつては今の三木谷のように、泥臭く事業を進めていた時期があった。2006年のある日のことである。孫は真夜中に自宅で携帯電話を握りしめ、大声で叫んでいた。

「そこにいるのはウチの社員です。怪しい者じゃありません。頼むから局舎の中に入れてやってくれませんか。一刻を争うんです。責任は俺が取ります」

「責任を取るったって、あんた誰？」

「俺は、孫正義だあ！」

携帯の向こうにいたのはNTT局舎の守衛である。

このころ、参入したてのソフトバンクの携帯電話は「つながりにくい」ことで有名だった。通信設備の不具合で一部の地域が通話不能になることも珍しくない。この日はNTTの局舎に〝間借り〟している設備が不具合を起こした。ソフトバンクの社員が駆けつけたが、門の前で押し問答になった。ソフトバンクの社員は「緊急事態なので、中の設備を修理させてくれ」と懇願したが、守衛は「NTTの許可がなければ入れられない」の一点張り。こんな時間にNTTと連絡が取れるはずもない。

「どうしても入れてもらえません」

困り果てた社員が孫の自宅に電話をすると、孫は「守衛と代わって」と命じ「俺は孫正義だあ！」と叫んだのだ。


三木谷浩史と孫正義。IT産業を代表する二人の起業家の軌跡はこの四半世紀、交わっては離れ、また交わる、を繰り返してきた。

2004年、彼らは揃って日本のプロ野球界に足を踏み入れた。三木谷は東北初の新球団を設立し、孫正義のソフトバンクはダイエーホークスを買収。ベンチャー・スピリットに溢れた彼らは、球団経営でも凄まじい勢いで改革を進め、不人気だったパ・リーグを大いに盛り上げた。だが彼らの参入を皆が歓迎したわけではない。

二人がプロ野球に参入するきっかけとなった「ライブドアによる近鉄バファローズ買収」が表面化したとき、写真週刊誌に追い回された読売巨人軍のオーナー、渡邉恒雄（現・読売新聞グループ本社代表取締役主筆）はこう言い放った。

「ベンチャーだか便所だか知らんが、俺は不機嫌なんだよ！」

当時のベンチャー企業に対する見方を象徴する一言だろう。孫も三木谷も日本のエスタブリッシュメント層から見れば、自分たちが戦後、営々と作り上げた秩序を乱す「海賊」に他ならない。

１９９６年、孫はメディア王、ルパート・マードックと組んで「テレビ朝日買収」を仕掛けた。２００５年、今度は三木谷が東京放送（ＴＢＳ）の株式を買い、資本業務提携を迫った。だが、二人の「テレビ局買収」は「貴重な放送電波の権益を海賊どもに渡してなるものか」という財界のぶ厚い壁に跳ね返された。

楽天とソフトバンクがプロ野球に参入してから２０２４年で20年になる。

２０２０年にパ・リーグ初の４連覇を達成したソフトバンクホークスは、文句なしの常勝軍団である。東北楽天ゴールデンイーグルスは東日本大震災２年後の２０１３年、球団創設９年目で初の日本シリーズ出場を果たし、渡邉恒雄が君臨する読売グループの巨人を倒し日本一になった。三木谷と孫は、ベンチャーが便所ではないことを証明した。

海賊の仲間たち——③

百野研太郎

HYAKUNO KENTARO

トヨタ出身の「軍師」が持ち込んだ世界一の夢

三木谷の代わりに楽天を率いるとすれば

三木谷が言う「楽天流」とは、大学の体育会系さながらの「身体性」を指すことはすでに述べた。社内公用語は英語、全社員のうち約2割が外国人の楽天が本社を構える二子玉川の洒落たオフィスで、週に1度、全役員・社員が腰をかがめて雑巾掛けをする様子は、ある種異様である。

この楽天流にはもうひとつの〝強み〟がある。それは、日本最強企業、「トヨタ自動車」から持ち込まれた思想だ。

トヨタと言えば、生産現場で徹底的にムダを省き効率化を図る「カンバン」「カイゼン」がそのまま英単語になったトヨタ生産方式が有名だが、トヨタの本当の強みは、数字に裏付けされたマネジメントの力だ。トヨタを世界一に押し上げた不世出の経営者・奥田碩《おくだひろし》は経理畑出身だった。

百野研太郎は2007年、17年間務めたトヨタ自動車を辞めて楽天に入った。2022年3月には代表取締役副社長になった。楽天には副社長が7人いるが、代表権を持つのは百野だけ。代表取締役は三木谷、副会長の穂坂雅之、百野の3人になった。

三木谷より2歳年下の百野がどんな役回りを果たしているか。代表取締役の後に続く呪文のような百野の肩書を見ればわかる。

「モバイルセグメントリーダー兼コミュニケーションズ&エナジーカンパニープレジデント代表取締役副社長執行役員兼COOグループカンパニーディビジョンシニアディレクター」。

携帯電話事業の前線に立つのは共同CEOのタレック・アミンと鈴木《すずき》和洋《かずひろ》、そして社長の矢澤俊介だが、「総責任者」は百野なのだ。さらに楽天グループ全体の最高執行責任者（COO）を兼ね、楽天モバイル、楽天シンフォニー、楽天カード、楽天メディカルからスポーツ・ビジネスの楽天ヴィッセル神戸、楽天野球団まで13社の子会社の取締役に名を連ねている。


「研ちゃん、ちょっと時間ある？」

三木谷はよく百野を「散歩」に連れ出す。2015年に二子玉川に本社を置いてからは、何かを話しながら多摩川の堤防を歩く2人の姿をしばしば見ることができる。多いときは週に2回。何を話しているのか、と百野に聞くと、こんな答えが返ってきた。

「頭の体操、かな？」

携帯電話事業や新型コロナのワクチン接種プロジェクトなど、そのときそのときの重要案件。グローバルで13万2000人の会社になった楽天の組織のあり方。従業員の能力開発と幸せについて。三木谷は、自分の頭の中にあるテーマを百野にぶつけ、議論し、思考を深める。三木谷が考えごとをするときの、壁打ちの壁。それが百野の役回りである。

トヨタで海外経験の長い百野ははじめ、楽天でも海外事業の担当役員だったが、２０１３年に取締役に就任。15年にＣＳＯ（最高戦略責任者）、16年にＣＯＯ＆ＣＭＯ（最高執行責任者兼最高マーケティング責任者）になり、17年に副社長に昇格した。

それまでは２００３年に楽天入りした住友銀行（現・三井住友銀行）のＭＯＦ《モフ》担（財務省担当、銀行のエリートコース）、國重惇史《くにしげあつし》が三木谷の壁打ちの相手で、ＴＢＳ株買い占め騒動のときには影のように三木谷に寄り添った。その國重が「一身上の都合」で楽天を辞めたのが２０１４年。國重に代わり百野が三木谷の「軍師」になった。

アップルのスティーブ・ジョブズががんに倒れた後、実務を取り仕切り、後にＣＥＯになったのが当時ＣＯＯだったティム・クックであるように、三木谷に万が一のことがあれば、まず楽天グループＣＥＯの候補に挙がるのは百野だろう。

ジャパン・バッシングの嵐の中で

１９６７年生まれで三木谷より2歳年下の百野は「アメリカ人」だ。地方で青果市場を経営していた百野の父親はかなり変わった人で、「お前はアメリカで勉強しろ」と中学2年から百野を単身で渡米させた。百野は牧場や自動車修理工場で働きながら、アメリカの高校、大学を卒業した。

百野が青春時代を過ごした1980年代のアメリカでは「ジャパン・バッシング」の嵐が吹き荒れていた。安くて品質の高い「メイド・イン・ジャパン」の家電、自動車、半導体がアメリカ市場に溢れ返り、米国民は「日本企業がアメリカの雇用を奪っている」と激怒した。リストラされた工場労働者が街頭で日本製の車やラジカセをハンマーで叩き潰す映像がテレビで繰り返し流された。

米国は日本企業を狙い撃ちにし、あの手この手でその勢いを削ぎにきた。「プラザ合意」（1985年）による円高誘導、自動車、半導体に代表される日米経済摩擦とその結果としての、事実上の輸出規制。無邪気に輸出を増やしていた日本企業は手足を縛られ、知らず知らずのうちに去勢されていった。

そんな中、輸出規制を掻《か》い潜《くぐ》るために現地生産を増やし、逆風をついて世界の頂点を目指す会社があった。トヨタ自動車である。

1982年、5代目社長の豊田英二は当時世界最大の自動車メーカーだった米ゼネラル・モーターズ（GM）と合弁会社の「ニュー・ユナイテッド・モーター・マニュファクチャリング（NUMMI）」の設立に踏み切る。トヨタはこれを皮切りに、凄まじい勢いで米欧での現地生産シフトを進めていく。販売先の雇用を奪う輸出から雇用を増やす現地生産に切り替えることで「世界市民」になろうとした。

英二は92年まで社長、会長としてトヨタのトップに君臨するが、トヨタが「GMを抜いて生産台数で世界一になる」という明確な意思を持ったのは英二の時代だったとされる。

ジャパン・バッシングの中で、米国民は日本企業の製品やサービスを「モンキー・ビジネス（米国企業のモノマネ）」と蔑《さげす》んだ。そんな空気の中で育った百野は、いつしか「日本の会社に入って世界一になってやる」と考えるようになった。百野が大学を卒業した1990年、その位置に最も近い日本企業はトヨタだった。

百野は大学卒業と同時に英国人の女性と結婚し、トヨタに入社した。社長は6代目の豊田《とよだ》章一郎《しょういちろう》だった。以後、トヨタの社長は豊田達郎、奥田碩、張富士夫と続くが、爆発的に規模を拡大したのは奥田の社長・会長時代で、毎年50万台ずつ海外生産が増えた。小さな自動車メーカーが毎年ひとつずつ生まれるような感覚だ。

最初は日本の役員や工場長が現地に赴任して生産を立ち上げたが、海外生産が国内生産を上回るようになるとマネジメントの現地化も進んだ。百野がTMUK（トヨタ・マニュファクチャリング・UK）に赴任した1990年代の後半、現地の社長は生粋の英国人、アラン・ジョーンズだった。

ジョーンズはもともと、欧州GMの役員を務め、GMの英国生産子会社「ボグソール」の工場長だった男で、生産に精通している。英国人であることに誇りを持ち完璧なクイーンズ・イングリッシュを操るジョーンズは「なんだその品のない言葉は」とアメリカ仕込みの百野の英語に顔を顰《しか》めた。英国で周囲に認めてほしければ「米語」ではなく「英語」をしゃべれ、というわけだ。「世界市民」の洗礼である。日本でトヨタ流を叩き込まれていた百野は、やがてジョーンズの懐刀になり、二人はTMUKを欧州きっての無駄のない工場に仕上げた。TMUKは英国最大級の雇用主となり、ジョーンズは王室から侯爵の位を授けられた。

「一緒に世界一を目指しませんか?」

同じ頃、ドーバー海峡を挟んだ大陸欧州で奔走していたのが武田和徳である。武田はトヨタの欧州統括会社であるトヨタモーター・エンジニアリング・アンド・マニュファクチャリング(TMEM)で、創業家の豊田周平に仕えていた。

周平は豊田英二の三男で、豊田章一郎の息子、章男とともに「社長候補」の1人だったが、2004年にトヨタの取締役を外れトヨタ紡織の副社長になった。

トヨタは奥田の時代にハイブリッド車の「プリウス」を出し「環境のトヨタ」という新たなブランドを手に入れた。その勢いを引き継いだ後任社長・張富士夫はGMの背中を追って規模を拡大した。

トヨタは「生産台数世界一」の目標に向かって爆走していた。外部の人間は「最強」「無敵」ともてはやしたが、その先兵となって海外の前線で戦っていた百野は別の感覚を持っていた。

「世界一の目標があったから、僕を含め誰もが熱に浮かされたように働いていました。ただ去年まで3人でやっていた仕事を今年は2人でやるようになり、多分来年は1人でやらされる。こんなことは長続きしないという感覚もありました」

2005年には、豊田章一郎の長男・章男がトヨタ本体の副社長になり、「章男政権」に向けた体制作りが始まる。章男は奥田、張の時代にトヨタの爆走を支えた歴戦の幹部たちを遠ざけ、「ごく近しい者」たちで周囲を固め始める。章男に可愛がられていた百野は、第三者の目から見れば「ごく近しい者」の1人だった。トヨタ社内は1995年に社長を退いた豊田達郎以来の、創業家への「大政奉還」を控えて、異様な熱気に包まれていたが、百野と武田はその雰囲気に乗り切れない自分を感じていた。

そして2人とも、トヨタで「世界一」を目指した濃密過ぎる時間の中で、ある種の「燃え尽き症候群」にかかっていた。百野は言う。

「欧州にいた2006年ごろ、『ああ、このまま行けばあと何年かでトヨタは世界一になるなあ』と見えてしまったんです。そうしたら、なんだか力が抜けてしまって」

一足先に楽天入りした武田の紹介で、百野は三木谷に会う。日本に出張したとき、六本木にあるグランドハイアットの和食店でランチをした。初対面の百野を前に、三木谷は楽天の愚痴を言い始めた。

曰く、自分より若い社員を集めて起業したので、経理や管理は全部自分が教えなくてはならなかった。会社の規模は大きくなったがそれに応じたマネジメントができていない。海外展開をしたくても人材が足りない。

そしてランチを終えて外に出るとき、真面目な顔でこう言った。

「僕は日本を元気にするために、楽天を起業しました。アマゾンやグーグルのようなグローバルカンパニーを目指しています。目標は世界一のネット企業です。でも僕はグローバル企業を経営したことがない。あなたはトヨタで世界一を達成した。今度はネット企業で一緒に世界一を目指しませんか？」

「世界一の会社を一緒に作る」

このフレーズが、百野の頭に残った。世界一を目指したときのあの熱狂と陶酔。それを今度はネットでやる。しかも楽天ならトップの三木谷に限りなく近い場所で、働ける。巨大企業のトヨタでは味わえないダイナミズムがあるはずだ。

三木谷の話にも合点がいった。楽天は若者たちが集まるイノベーションの会社だ。その楽天が世界一を目指す上でいちばん足りないのは、管理部門のオペレーション、そして経営に最も重要なマネジメント力。自分の体には世界最強のトヨタのマネジメントが染み付いている。

百野は巨大戦艦を降り、海賊の一味になることにした。

イノベーションとオペレーション

百野の加入は楽天の経営に圧倒的な安定感をもたらした。巨大な組織の中でどういう手順を踏めば何百、何千の人間が早く確実に動くか。大量のヒト、モノ、カネの流れをリアルタイムでどう把握するか。楽天は70を超えるサービスを持つネット・コングロマリットだが、百野が持つマネジメント力はどの事業でも普遍的に威力を発揮する。

楽天における自分の役割を百野はこう説明する。

「ダイナミック、あるいは無節操に拡大する楽天という会社の成長痛を和らげることですかね」

楽天グループにはＥＣやその他のネット・サービス、フィンテック、野球、サッカーからモバイルまでの多種多様な事業があるが、百野はそこに横串を刺し、お金まわり以外のすべてを管理している。なかでも重要なのが組織マネジメントであり、その根底にあるのは「トヨタ流」だ。

「トヨタはシングルプロダクト。楽天はサービスが多様なので、そのまま、（楽天に）入れられるわけではありませんが、あのやり方はすごくパターン化しやすい」と百野は言う。トヨタ流のＱＣ（クオリティー・コントロール）サークルには全社員の7割が参加し、カイゼン活動も展開している。「カイゼン」を15年続けた結果、楽天のマーケティング部門の人員は半分になった。

「うちは若い社員が多いですから、新卒が見ても分かるＫＰＩツリー（ＫＰＩは売り上げなど業績評価の重要な指標のこと。ツリーは組織の最終目標に向かうＫＰＩの道筋を樹形図で示すロードマップ）を作って、楽天主義を現場に浸透させています」（百野）

百野が持ち込んだ「トヨタ流」は一橋大テニス部主将で興銀出身の三木谷の経営感にピッタリとハマる。

「三木谷が作った楽天は『イノオペレーション』を高いレベルで回す会社です。三木谷自身も両方の重要性を深く理解している」（同）

イノオペレーションとはイノベーションとオペレーションをくっつけた造語である。イノベーションに偏りがちなのがネット・ベンチャーで、オペレーション一辺倒なのが銀行や官庁だ。イノベーションが得意なベンチャーはオペレーションを軽視してつまずくことが多く、銀行や官庁にイノベーションは期待できない。三木谷の経営はイノベーションとオペレーションのハイブリッドである。

「ネットの出現」というイノベーションに触れて起業した三木谷は、かつて興銀の外国為替部で事務仕事を叩き込まれた「銀行員」でもある。イノオペレーションのオペレーションを支える上で、百野の存在は欠かせない。

海賊の仲間たち――④

内田信行

UCHIDA NOBUYUKI

安全地帯より危所を選んだ「通信のプロ」

ドイツへ「完全仮想化技術」を輸出

2021年8月4日、楽天はドイツの携帯電話のベンチャー「1&1」(ワン・アンド・ワン)に対し、携帯電話ネットワークの完全仮想化技術を柱とする「RCP」(楽天・コミュニケーションズ・プラットフォーム、後に楽天が開発したネットワークのソフトウェア=Symworldを含む製品・サービス群として楽天シンフォニーに名称変更)を提供することで合意した、と発表した。20年春、世界に先駆けて日本で実用化に成功した携帯電話ネットワークの完全仮想化技術をパッケージとして輸出することが決まったのだ。半年前の21年2月には米「AT&Tコミュニケーションズ」が「Symworldの一部を自社の仮想化ネットワークに取り込み、一部のコア技術を統合する」ことも発表している。

日本の通信企業が海外に挑むのは、2002年から2010年にかけて「iモード」を世界に広げようとしたNTTドコモ、2013年にスプリント・ネクステルの買収で米国市場に参入したソフトバンク以来のことだ。委細は後述するがドコモとソフトバンクはいずれも国際標準の厚い壁に跳ね返されている。

RCPは完全仮想化技術を海外の通信会社に販売できるようパッケージ化したサービスで、1&1が最初の顧客になる。

1&1はドイツの大手インターネット・プロバイダー。19年にドイツ政府から5G（第5世代移動通信システム）の周波数帯域を獲得し、ドイツで「第4のMNO（自前の回線を持つ移動体通信事業者）」として携帯電話市場に参入することを決めている。

ドイツには「ドイツ・テレコム」（ブランド名は「Tモバイル」）、「テレフォニカ」（同・「O2」）、「ボーダフォン」（同・「ボーダフォン」）の3大携帯電話会社がある。そこに最後発で殴り込みをかけるというのは、楽天と同じ立ち位置だ。1&1もRCPを採用することで設備投資額を引き下げ、コスト競争力を高めるのが狙いである。

発表の翌日、8月5日の朝8時から、三木谷は、東京・二子玉川の本社と世界各地のメディア、証券会社をオンラインで結ぶカンファレンスを開いた。カンファレンスには日本のみならず、米国、ヨーロッパ、アジアのメディア、証券アナリスト、170人が参加した。もちろんカンファレンスはすべて英語（日本の記者、アナリスト向けには同時通訳付き）で行われる。

「RCPのビジネスはいつ黒字化するのか」

米国の証券アナリストに問われた三木谷は、「極めて早い段階で」と言明を避けた。だがネットワークの構築から保守・運用までを請け負う1&1との10年の契約を2500億～3000億円で受注したと見られている。三木谷はこう続けた。

「アマゾンの収益はＥＣ（ネット通販）とＡＷＳ（自社のデータセンターを使って顧客にクラウド・サービスを提供するアマゾン・ウェブ・サービス）で構成されている。ＲＣＰは楽天にとってＡＷＳのようなものになるだろう」

三木谷はＲＣＰで、海外に打って出るための布陣を着々と整えている。19年6月には日本の通信機器最大手ＮＥＣと、完全仮想化ネットワークの構築で提携した。ＲＣＰで使う5Ｇ対応の無線装置などをＮＥＣが製造する。完全仮想化に対応した基地局の開発ではフィンランドのノキアと協力関係にある。世界の携帯電話インフラに対する設備投資は年間10兆～15兆円規模とされており、「10％のシェアを取れば1兆円を超えるビジネスになる」（楽天モバイル幹部）と見ている。

「We are building the Future（我々は未来を作っている）」

三木谷はこの言葉でカンファレンスを締めくくった。

素人集団に来た「救世主」

この日、楽天はもうひとつの大きな発表をしている。ＲＣＰを始めとする楽天の通信事業者向けプロダクト、サービス、ソリューションを海外の通信事業者や政府、企業に提供するための事業組織「楽天シンフォニー」（後に会社化し、RCPも楽天シンフォニーと呼ぶようになった）の設立である。完全仮想化を実現するためにアメリカで買収した仮想化基地局のソフトウェアを手がける「アルティオスター」、ネットワーク運用システム（OSS）を開発した「イノアイ」といった海外子会社の機能を楽天シンフォニーに集約した。CEOにはタレック・アミンが就任した。

この楽天シンフォニーが22年早春、米携帯電話大手のAT&Tモビリティ、フィンランドの通信機器大手ノキア、米通信機器大手のシスコシステムズなどと提携した。RCPを中心とした通信関連技術を世界に広めていくことになる。相手の事情もあり、個別案件の中身は明らかにされていないが海外通信事業者との商談の中には「1件あたり数千億円規模のものもある」と三木谷は言う。

カンファレンスに参加した世界のアナリストはこぞって「買い」を推奨し、楽天グループの株価は8月5日、約8%上昇した。

筆者はここまで、「楽天モバイルの完全仮想化は世界初」とくどいほど書いてきた。通信業界で「ぽっと出の新人」である楽天が、世界初の偉業を成し遂げたのはビジネス界の七不思議のひとつとも言える。

世界には通信を専門とする大企業がごまんとある。携帯電話事業者だけでも、アメリカは「ベライゾン」、「AT&Tモビリティ」、スプリントと合併した「Tモバイル」の3大キャリア、欧州にもドイツの「Tモバイル」（米国のTモバイルはこの会社の米国法人）、英国の「O2」、スペインの「テレフォニカ」などサービスを世界展開するメガキャリアがひしめく。アジアにも日本の「NTTドコモ」（現・NTT）や中国の「チャイナモバイル」のような巨大企業がうようよしている。

その多くが半世紀以上の伝統を持ち、加入者1億人級の会社である。研究開発に投じてきた金額も開発者の数も、新参者の楽天モバイルと比べればケタ違いに大きい。並のベンチャーなら「こんなところに勝てるはずがない」と考えるのがふつうだろう。

「通信のプロであれば、その難しさが分かるから、完全仮想化が実現するのは『今ではない、いつか』と考えていた。それを『いつかではなく今』と考えたのが三木谷さんとタレック。漫画みたいな二人です」

こう解説するのは2018年、楽天モバイルに入社して執行役員技術戦略本部長となった内田信行。KDDI、世界最大の通信用半導体メーカー、クアルコムと通信業界で26年のキャリアを積んだ内田は、タレック・アミンを除けば「素人の集団」で始まった楽天モバイルで数少ない「通信のプロ」である。

「いちばん最初に潰れる」と言われた会社へGO

内田は1992年に新卒で、会社設立8年目、携帯電話事業を始めて3年目の「第二電電（DDI、現・KDDI）」に入社した。希望どおり、国分寺のDDIテクニカルセンターに配属され、全国に設置されたモトローラの無線機を保守する仕事に就いた。

第二電電は日本で通信が自由化された1984年6月に「京セラ」創業者の稲盛和夫が、「三菱商事」、「ソニー」、「セコム」の出資を受けて設立した日本初の通信ベンチャーである。

それまで日本の通信市場を独占していた電電公社が民営化してNTTになった。民営化したからには競争相手が必要で、政府は新規参入を呼びかけたが、巨人NTTに挑もうという勇気ある会社がなかなか現れず、最初に手を挙げたのが電子部品メーカー、京セラの創業者である稲盛だった。

第二電電の後を追うように、同年10月には国鉄（現・JR各社）と大手商社が出資する「日本テレコム」、11月には公益法人の日本道路公団とトヨタ自動車が出資する「日本高速通信」が設立された。当時「新電電」と呼ばれたこの3社とNTTの4社による「競争」が始まった。4社中3社は、いわば半官半民の巨大組織で資本が分厚い。

内田が入社した第二電電は、4社の中で唯一、出資母体がベンチャー企業の京セラで、過小資本とも言っていいほど財務が極めて脆弱であり「いちばん最初に潰れるだろう」と言われていた。しかし日本テレコムと日本高速通信は出資母体が重すぎて、意思決定に時間がかかる。その後、日本テレコムは英ボーダフォンの傘下を経てソフトバンクに買収され、日本高速通信は国際電信電話（KDD）と合併した。第二電電はそのKDD、トヨタ傘下の「日本移動通信（IDO）」と3社合併して現在のKDDIになった。結局「最弱」と言われた第二電電が生き残ったのだ。

3社合併前の第二電電の自由な社風の中で内田は、移動体技術部やデジタル技術開発室で携帯電話のシステム開発や国際標準化に携わるようになる。携帯電話の通信方式でKDDIはドコモと異なるCDMA（符号分割多元接続）という技術を採用しており、同じ方式を手がける海外の通信会社や通信機器メーカーと仕事をすることが多かった。技術屋同士は専門用語で語り合えるところがあり、英語も自然と身についた。

1998年、CDMAの生みの親であるアメリカの通信半導体メーカー、クアルコムが日本法人を設立した。

「立ち上げメンバーに加わらないか」

海外の通信会社に顔が売れていた内田は、クアルコム日本法人の社長に就任した伊藤忠商事出身の松本徹三に誘われた。日本法人は6人しかいない小さな会社だったが、CDMAの仕事に携わっていた内田はクアルコムの実力を知っており「面白い」と思った。内田は松本にひとつだけ条件を出した。

「日本で3年働いたら、米国本社に行かせて欲しい」

松本が条件を飲んだので、内田は1999年、クアルコム・ジャパンに移籍した。松本は約束を守って3年後に内田をクアルコムの本社に送り込んだ。ここでも内田はCDMAを国際標準にする仕事を続けた。米国暮らしが10年を超え「このままアメリカに住もうか」と思っていた矢先、日本の知人から連絡があった。

「こっちで面白いことを始めるから、一緒にやろう」

知人が「面白いこと」と言ったのは、NTTドコモグループが始める世界初のスマートフォン向けマルチメディア放送「NOTTV（ノッティーヴィー）」だった。当時はまだ「Netflix（ネットフリックス）」のような動画配信のお化け企業は存在しなかったが、ハリウッドやディズニーなどで圧倒的なコンテンツ力を持つアメリカ勢が、デジタル時代に日本に押し寄せるのは目に見えていた。

「iモード」の成功により、モバイル・インターネットで世界に先んじた日本だが、2007年のアップル「iPhone」の登場をきっかけに、携帯電話は「ガラケー」から「スマホ」の時代になり、完全に市場の主導権を奪われた。動画配信で巻き返しを図ろうというプロジェクトに内田は「面白い」と感じた。だがドコモは後から始めたdTVを動画配信の中核と位置づけ、2

016年にNOTTVのサービスをやめてしまう。内田は失意のままドコモを去る。

「楽天の勝ち目は薄い……」

しばらくベンチャーにいた内田が楽天モバイルに入社したのは2018年の半ば。ソフトバンクで働いていた第二電電時代の上司から「楽天がMNOで携帯に参入するらしいぞ。面白そうだから行ってみたら」と勧められたのがきっかけだ。

内田は新卒のとき、新電電3社の中で「いちばん最初に潰れる」と言われた第二電電を選んだ男である。その後、クアルコム、ノッティーヴィーと渡り歩いた経歴を見ても、新しい物好きで、安寧より刺激を好むタイプであることがわかる。だが、さすがの内田も今回は迷った。日本の携帯電話市場は成長期から成熟期に入り、すでに飽和状態にある。

「どう考えても日本に4社目は厳しいだろう」

それが、長く携帯電話事業に携わってきた内田の偽らざる感想だった。

通信業界の人間なら誰もが「4社目の失敗」を知っている。2005年に総務省から周波数帯を割り当てられ、４番目のＭＮＯとして参入したイー・モバイルだ。同社の親会社でデータ通信を手がけるイー・アクセスは、１９９９年に元・第二電電副社長の千本倖生《せんもとさちお》が創業した会社である。

格安のデータ通信サービスで業容を拡大したイー・アクセスはその勢いを駆ってＭＮＯに進出。第二電電の創業メンバーである千本が「稲盛に弓を引いた」と話題になった。

しかしイー・モバイルには、ドコモやＫＤＤＩ、ボーダフォンを買収したソフトバンクと競り合う技術力も体力もなく、２０１４年、ソフトバンクに事実上、吸収される。

こうした経緯を見てきた日本の通信業界の人々の間では「日本のＭＮＯは3社で限界」が定説になっており、内田もそう考えていた。

もし「完全仮想化」というイノベーションがなかったら、楽天モバイルもイー・モバイルと同じ道を歩んでいたかもしれない。実際、楽天は参入計画を発表した当初、ドコモやＫＤＤＩと同じ従来の方式で自前のネットワークを作ろうとしていた。ソフトバンクが採用している中国通信機器大手、ファーウェイにすでにＲＥＰ（提案依頼書）を出していた。

ドコモやＫＤＤＩの基地局は、おもにＮＥＣなど日本メーカーの通信機器を使っているが、ソフトバンクはファーウェイを採用することで初期投資を抑え込んだ。ファーウェイの通信機器は日本メーカーのものより安く、技術的にも遜色ない。それはソフトバンクの携帯ネットワークで証明されており、楽天もファーウェイの機器を使った既存のネットワークが最善と考えていた。

それでも、ファーウェイを使うだけでは「楽天の勝ち目は薄い」と内田は読んだ。負けそうな会社に入るのは得策ではない。一方で第二電電やクアルコムで味わった「新しいビジネスを立ち上げる喜び」を「もう一度味わいたい」という気持ちも沸いていた。結局、リスク志向の強い内田は「どこまでやれるのか見てやろう」という気持ちで楽天に入社した。

内田が入社した頃、楽天モバイルはエンジニアを中心に通信分野の人材を凄まじい勢いで採用していた。

「国内のキャリア（通信会社）とベンダー（機器メーカー）、海外のキャリアとベンダーから、だいたい同じくらいの比率で数百人が集まった」と内田は振り返る。

テクノロジーの世界ではある会社が野心的な目標を掲げれば、「われこそは」と集まる人間が一定の割合でいるものだ。初期の楽天モバイルは内外から集まった、内田のように山っ気の強い人間たちで構成されていた。

ところが内田は入社直後に、自分よりはるかに山っ気の強い男が、この会社のオーナーであることを知った。内田の入社と相前後して三木谷がアミンと出会い、そこから楽天モバイルは一気に完全仮想化に舵を切った。

「マジ？　って感じですよ。ドコモはもちろん、KDDIを含め大手と言われる通信会社はどこも、完全仮想化の研究に着手していた。試験レベルならできることも分かっていた。

しかしユーザーが100万、500万、1000万になると、まだ無理じゃないの、というのが業界の常識だった。それを新規参入の楽天が『すぐやる』という。冗談も休み休みにしろ、と思いました」

変化しなければ死ぬ

通信業界を知り尽くした内田には、携帯ネットワークの完全仮想化構想について、もうひとつ疑問があった。

「技術的に可能だとして、そのための機器を作ってくれるベンダーがあるんだろうか」

「成功のジレンマ」である。エリクソン、ノキア、ファーウェイといった通信機器メーカーは既存の方式で莫大な利益を上げている。3G、4G、5Gと携帯電話の世代が変わるたびに世界各国で何兆円という設備投資をしてネットワークをまっさらから作り直してくれる現在の携帯電話ビジネスは、とても「おいしい」。

前にも書いたように、完全仮想化が実現すればハードウェアへの依存度は大きく下がり、ソフトウェアを更新するだけでネットワークの世代交代が可能になる。もちろんソフトウェアの進化に合わせたハードウェアのパワーアップは必要だが、データセンターで使われるのは汎用サーバだから、専用機のような多額の投資は必要ない。足元のビジネスだけを見れば、完全仮想化への移行は専用機で大儲けしている通信機器メーカーにとって「おいしくない」のだ。

だがテクノロジーの世界に身を置いたことがある者であれば、誰もが「成功のジレンマ」の結末を知っている。「変化」は遅かれ早かれ（たいていの場合は関係者の予測よりはるかに早く）訪れ、変化を拒んだ者を待つのは「死」のみである。

そのことを身をもって知る会社がフィンランドの「ノキア」だった。ノキアはスマホが登場したとき、テンキーが付いた在来型の携帯端末に固執して地獄を見ている。

ノキアは2012年まで14年間連続で「世界最大の携帯電話機メーカー」として君臨した北欧の巨人だ。在来型携帯電話では無類の強さを誇ったが、それゆえにスマホへの対応が遅れ、2013年には携帯電話機事業をマイクロソフトに売却して基地局など通信インフラ機器専業事業者になった。スマホが普及した後、在来型の端末は日本で「ガラケー（ガラパゴス携帯電話）」と呼ばれた。

楽天が「完全仮想化をやる」と言い出したとき、ノキア経営陣はデジャビュを見る思いだっただろう。かつて世界最強だった携帯電話機にしがみつき死地に追い込まれ、「ノキアは終わりだ」と言われながら歯を食いしばり、通信インフラで隣国スウェーデンのエリクソンと世界市場を二分する地位を確立した。ファーウェイの台頭には手を焼いていたがそれでも「しばらくはここで食っていける」と思っていたはずである。しかしここでもまた、ディスラプション（破壊的技術革新）が始まった。

スマホからガラケーに戻ることがなかったように、革新は一度始まったら止まらない。

二度目の失敗は許されないと考えたノキアは、たとえそれが現在の自分たちのビジネスの死期を早めることになったとしても、楽天と組んでいち早く革新の波に乗る決断をしたのである。

こうして楽天モバイルの「完全仮想化」ネットワークの中でハードウェアを中心とする基幹技術の開発は、ノキアが担当することになった。

「ひょっとしたら、楽天は成功したのではないか」

一方、完全仮想化の肝《キモ》であるソフトウェアの開発を担ったのは、アミンが見つけてきた米ベンチャーの「アルティオスター」（のちに楽天が買収）だ。ノキア、アルティオスター、楽天モバイル――この３社の間を取り持つのが、技術戦略本部長の内田の仕事になった。

やがて毎週金曜日にオンラインで開かれる３社の合同会議は内田の頭痛の種になった。

世界初の試みなのだからスムーズに行くはずがないのは分かっていた。プライドの高いノキアが「それはアルティオスター側の問題だ」と言えば、アルティオスターは「ノキアがぐずぐずしているからいけない」と応酬する。そんなことが1年半も続いた。

内田はクアルコムでCDMAを国際標準にするとき、その調整の難しさをいやというほど味わった。参加者の誰もが通信のプロフェッショナルであり、国のメンツを背負って会議に挑んでくる。プロトコルは知悉《ちしつ》している。めんどうなことこの上ない世界だったが、それでも一応はみんな組織人なので決まったルールの中で議論を戦わせ、最後は落とし所を探った。

ところが今回は、新参者の楽天とベンチャーのアルティオスターと通信のプロのノキアという、共通するバックグランドのない3社が、ゼロから世界に通じる技術標準を作ろうというのである。現場は混沌としていた。

もともと「完全仮想化」の言い出しっぺはヨルダン人のアミン。そのまわりには話し出したら止まらないインド人のエンジニア・チームがいる。彼らの後ろ盾は三木谷だ。世界の携帯電話市場の中心にいたノキアから見れば、三木谷までひっくるめて「素人」である。経験も価値観もまるで違う彼らが共同作業を続けられたのは、ただ一点、「俺たちは世界初の技術に挑んでいるのだ」という高揚感があったからだ。

システムがなんとか形になり、完全仮想化の実験が始まったのが2019年の後半。楽天モバイルは、スマホの音声とデータの通信サービスがタダで使える「無料サポータープログラム」を開始した。ソフトウェアの会社が完成品の前に「ベータ版」を出すのと同じ戦略だ。タダだから多少のトラブルがあっても怒られない。バグ（ソフトウェアの欠陥）探しをユーザーにやってもらう手法である。

楽天モバイルが、ベータ版の無料サポータープログラムを開始した2019年秋ごろから、海外の調査会社が内田のもとを訪れるようになった。調査会社の後ろにはおそらく海外の巨大キャリアがいる。彼らはまだ半信半疑だったが、完全仮想化の進捗状況が気になって仕方なかった。いちばん気にしていたのは完全仮想化ネットワークで処理できるユーザーの数だ。10万人までなら「試験管レベル」。100万人、200万人となれば自分たちも本気で後を追わなければならない。

「ひょっとしたら、楽天は成功したのではないか……」

楽天モバイルのユーザーが100万人を超えた頃、世界の楽天を見る目が変わり始めた。

内田たちは無料サポータープログラムでシステムのブラッシュアップを続け、ついに2020年4月、本格サービス開始を迎えた。

「日本のスマホ代は高すぎる！」

楽天モバイルのブランド・カラーであるマゼンダ・ピンクの衣装に身を包んだ女優の米倉涼子が叫ぶ。

「楽天モバイル、アンリミット2・0なら月2980円。しかも全国どこでもデータと通話使い放題」

契約から1年間は無料としたため、利用者はどんどん増えていった。100万人、200万人、300万人。

「試験管レベル」はとうに超えた。無料サービスとはいえ、完全仮想化は今の技術で実現できることを、楽天モバイルは証明した。世界の通信業界の流れを変える出来事だった。

それは内田にとって、楽天モバイルで過ごした「伸《の》るか反《そ》るか」の季節の終わりを告げる変化でもあった。

23年5月末、完全仮想化ネットワークの実現を見届けた内田は、次なる冒険へと旅立った。新天地はイーロン・マスクが率いる米衛星モバイルのスターリンクの日本法人。楽天が出資する米衛星モバイル、ASTスペースモバイルのライバルだ。

海賊たちは一つの冒険を終えると、次の冒険を求めて新たな船に乗る。自分の腕が試せるプロジェクトを求めて会社から会社へ。内田自身もそういう人生を歩んできたし、楽天のようなプロジェクト志向の会社において、ひとつのプロジェクトが終わるたびに人が入れ替わるのは、ある意味、当たり前のことである。

「三度目の正直」か「二度あることは三度ある」のか

日本の通信会社は、これまで何度も「世界の壁」に行く手を阻まれてきた。

２０００年代前半にはＮＴＴドコモが海外の通信会社に次々と出資した。日本で大ヒットしたモバイル・インターネットサービスの先駆け「ｉモード」の普及を狙った。しかし07年にｉＰｈｏｎｅが登場すると、ｉモードはあっという間に陳腐化し、ドコモは海外投資で１兆５０００億円の損失を計上した。２０１３年には、孫正義が、米携帯電話のベライゾン、ＡＴ＆Ｔモバイルの二強に肉薄したが、米国当局の壁に阻まれた。

楽天シンフォニーによる完全仮想化技術の輸出は日本の通信会社として３度目の、海外挑戦ということになる。

海外進出を目指す楽天モバイルには、追い風が吹いている。世界の通信業界における「中国脅威論」の高まりだ。ファーウェイを筆頭に中国の通信機器メーカーは世界の通信市場を席巻しており、日本メーカーは言うに及ばず、ノキア、エリクソン、シスコといった欧米の大手ですら太刀打ちできなくなっていた。

通信ネットワークを中国に牛耳られることに危機感を募らせたアメリカはトランプ政権のとき、「経済安全保障」を盾にファーウェイを米国市場から締め出した。バイデン政権に変わってもその姿勢は変わっていない。

一方、5Gへの対応で膨大な設備投資を強いられる各国の通信会社にとって、安くて品質も高いファーウェイの機器を使えなくなったのは頭痛の種である。世界中の通信会社が、ファーウェイに代わる「チャイナ・フリー」の安い通信インフラを求めている。そこにひょっこり現れたのが、通信業界では無名の楽天だ。

米中摩擦がここまで激しくなるという読みは三木谷にはなく、もともとは「ファーウェイ」を使おうとしていた。ところが、タレック・アミンによって「完全仮想化」という新たな選択肢が示された瞬間、三木谷は大きくそちらに舵を切った。決断の理由を三木谷はこう説明する。

「他人と同じことをやっても面白くないじゃん」

三木谷の挑戦は「三度目の正直」になるのか、それともドコモやソフトバンクと同じように世界の壁に行く手を阻まれ「二度あることは三度ある」になるのか。日本経済が自動車など「モノの輸出」一辺倒では、ITとソフト全盛の時代に立ち行かなくなるのは目に見えている。

楽天モバイルの成否は日本経済の未来に少なからぬ影響を及ぼす。

海賊の仲間たち——⑤

廣瀬研二と穂坂雅之

HIROSE KENJI　HOSAKA MASAYUKI

後衛を守る
ふたりがいるから
攻めに行ける

「三木谷は嫌い」

2022年5月13日、楽天モバイルは国内携帯電話サービスの目玉だった「1ギガまで0円」の料金プランを7月に廃止すると発表した。0～3ギガが980円になる。「0円」の料金プラン「Rakuten UN-LIMIT Ⅵ」を導入したのが21年4月だから、1年余りでその旗を下ろすことになる。

「え、詐欺じゃん。楽天ひかりとセットで3年契約したのに」

「楽天モバイル、解約します」

発表と同時にSNS上には怨嗟の声が渦巻いた。

「0円」をぶち上げたとき、三木谷は「コロナ禍で国民がたいへんなとき、データをほとんど使っていない人からお金を取ることはしたくない」と大見得を切った。採算性を問うアナリストに対しては「楽天モバイルに加入した人は、楽天市場での買い物が増えることが分かっている。モバイルで稼げなくても、帳尻は合う」と説明した。当然「あの説明は何だったんだ」という話になる。ところが記者会見で三木谷はなおも強がった。

「980円は妥当。他社と比べてもアグレッシブ（な料金）だ」

勢い余った三木谷は言わずもがなの一言を発してしまう。

「0円のユーザーがいなくなって、熱量のあるユーザーがとどまる。ビジネスとしての質を上げるということか」という記者の誘導質問に引っ掛かり、こう言ってしまったのだ。

「ぶっちゃけそういうこと。まあ、お金を0円でずっと使われても困っちゃう」

これはアウトだ。自分たちから「0円でどうぞ」をオファーしておいて、「0円でずっと使われても困っちゃう」というのは、いかにも利用者を馬鹿にした物言いである。

こういう〝余計な一言〟の積み重ねが、「三木谷は嫌い」という世間の空気を作っている。三木谷自身もそのことに気づいているが「好感度で経営ができるわけではない」とたかを括っているのか、あるいは「いつか分かってもらえる」と甘えているのか。楽天を立ち上げて四半世紀が経過してなお、このクセは抜けていない。

一方で「本当にまずい」と思ったときには、別の三木谷が顔を表す。

2013年11月、プロ野球東北楽天ゴールデンイーグルスの日本一を祝う「楽天日本一セール」で、楽天市場は監督の星野仙一の背番号77にちなんで「77％引きセール」を展開した。この中に抹茶シュークリーム（10個入り）を、「通常販売価格1万2000円を77％オフで2600円」など、不可解な値付けの商品が混ざっていた。別のサイトで同じ商品が2625円で売られており「77％オフ」は偽装であることが判明し、ネットで袋叩きにあっていた。いわゆる「二重価格問題」である。

複数の出店店舗で「二重価格表示」があり、「77%引き」の目玉商品を作るため楽天社員のほうから店舗に「通常販売価格の吊り上げ」を持ちかけたケースもあったことなど、楽天が事実関係を把握したのは11月11日だった。

この日は二日前に亡くなった三木谷の父、良一の告別式が神戸で開かれていた。朝から喪主として対応に追われた三木谷はその日の夜、東京に戻り、都内のホテルで記者会見を開いた。「何もこんな日に記者会見をしなくても」と周囲は止めたが、三木谷は「こういうのは分かったその日にやらなくちゃダメなんだ」と押し切った。

「このような事態を招いて申し訳ありません。安心に商品を購入できるよう、いっそうの努力をしていきます」

ネクタイを外しただけの喪服姿で記者会見に臨んだこの日の三木谷には、えも言われぬ凄みがあり、三木谷を吊し上げてやろうと待ち構えていた記者たちは、一様に黙り込んでしまった。

2022年の「0円廃止」ではそこまで追い込まれることはなかった。だが、三木谷の不用意な発言が楽天モバイルの好感度を下げたことは間違いない。

孫正義なら、この局面でどうしただろう。

「何とか0円を続けようと頑張ってきたが、このままではドコモに潰されてしまう。舌の根も乾かぬうちに本当に申し訳ないが、どうか値上げをさせてください」

薄くなった毛髪をかきむしりながら消費者を〝孫劇場〟に引きずり込み「孫さんがそこまで言うならしょうがない」と思わせてしまう。孫はピンチになるといつも、自虐ネタを交えながら、なりふり構わず大衆の支持を得る。三木谷にはこれができない。

在日韓国人という宿命を背負う孫は根っこのところで大衆を信じていないように見える。いくら成功しても、どこかで掌を返されるのではないかと用心しているから、常に不興を買わないように用心している。

三木谷は無防備だ。ネットに「三木谷は嫌い」と書かれても、「いつか分かってくれる」と信じている。高名な経済学者の息子に生まれ一橋大、興銀、ハーバードMBAと歩んできたエリートの自負もあるが、この無用心さが、三木谷に甘えた態度を取らせるのだ。

バブル崩壊のトラウマ

三木谷が携帯電話ビジネスで強気でいられる背景には、後衛をがっちり守ってくれる頼もしい事業の存在がある。それが楽天のもうひとつの顔「フィンテック（ファイナンス・テクノロジー、

ITを駆使した銀行や証券などネット金融取引)」だ。

2021年8月11日、楽天グループが発表した21年1~6月期の連結決算(国際会計基準)は、最終損益が654億円の赤字(前年同期は274億円の赤字)だった。

それでも三木谷は決算発表のオンライン記者会見で、携帯電話インフラをパッケージで輸出する楽天・コミュニケーションズ・プラットフォーム(RCP)の可能性について熱く語った。

三木谷曰く、5G(第5世代移動通信システム)に移行しようとしている世界の携帯電話会社が年間に実施する設備投資の総額は10兆~15兆円。世界で初めて携帯電話ネットワークの完全仮想化に成功した楽天には「RCP」という強力な武器がある。15兆円の1割を取れば1兆5000億円のビジネスが転がり込んでくる。

三木谷はそう熱弁を振るった。

足元の決算では携帯電話事業の赤字が膨らんでいるのに、「RCPで1兆5000億円」など と、浮世離れした話を続ける三木谷が心配になり、オンラインで参加した筆者は「挙手」のボタンを押した。

「携帯事業を軌道に乗せるために先行投資が必要なのは分かりますが、財務の健全性も重要だと思います。いつまでも赤字を続けるわけにはいかないのではないですか。リスクとリターンのバランスをどうお考えですか」

三木谷はこう答えた。

「（楽天モバイルの）自前ネットワークの人口カバー率が96％になる22年3月から、ローミング費用（楽天のネットワークが届かない場所をカバーするためにＫＤＤＩから借りているネットワークの使用料）が大幅に減ります。また、世界中の携帯キャリアからＲＣＰを検討したいというコンタクトも数多くもらっています。そのうち皆さんがあっと驚くようなパートナーとの提携がまとまるかもしれません。来年の春を境に、大きく景色が変わるでしょう」

ここで三木谷が「あっと驚くようなパートナー」と言ったのが２０２２年2月に発表されたＡＴ＆Ｔやシスコシステムズである。

だが、国内メディアの反応は冷たかった。

「半期ベースで4期連続の赤字」

「携帯投資負担膨らむ」

日本経済新聞をはじめとする新聞は、こぞってネガティブな見出しをつけた。

成長フェーズにある企業にとって、資金調達が可能な限り、ＰＬ（損益計算書）上の損失はたいていの場合、ポジティブなサインだ。やりたいことがあるから金がかかる。それはその会社に「伸びしろ」があることを意味している。

最初から利益が出るビジネスなど、どこにもない。どんな事業でも、はじめは持ち出しである。新しい事業には、失敗のリスクがある。「先行投資なくして成長なし」。それが資本主義の原則だ。

そのための資金を用立て、利益が出たら利息をつけて回収するのが金融の役割である。だが90年代のバブル崩壊以降、日本の金融機関はリスクを取らなくなった。持たざる者には見向きもせず、持てる者にしか貸さない。バブル崩壊やリーマン・ショックのとき、金融機関に資金を引き上げられた恐怖から、事業会社もまた「リスク恐怖症」に陥り、手元に資金を溜め込むようになった。いわゆる「内部留保」の増大である。

目の前に広大なオポチュニティーの大海原があっても、誰もそこに飛び込んでいかない。まるで見えないシャチが怖くて氷の上に佇《たたず》み、飢えて全滅するペンギンの群れだ。

「楽天はリスクを取って健全な赤字を計上しているのだ」

三木谷はそう言いたかったのだが、日本経済が「失われた30年」を過ごしている間に、「健全な赤字」と「不健全な赤字」の見分けがつかなくなった日本のメディアに、６５４億円の赤字事業が「近い将来、１兆５０００億円の売り上げになる」という話を「理解しろ」というのは無理なのかもしれない。

結局、この日の記者会見も三木谷の空回りに終わった。

起業家で銀行家

三木谷の強気に根拠がないわけではない。たしかに携帯電話事業は赤字が続いているが、楽天グループのその他の事業は絶好調なのだ。21年１～６月期の売上高は前年同期比17％増の７９３６億円。コロナ禍の「巣ごもり需要」で国内ＥＣ（ネット通販）事業の売り上げが増え、楽天カードの取扱高は４～６月期に前年同期比30％超の伸びを見せた。ＥＣを主体とする「インターネットサービス事業」が５８９億円の黒字（前年同期は21億円の赤字）となり、楽天カード、楽天証券、楽天銀行など「フィンテック事業」の営業利益も前年同期比15％増の４７０億円となった。

何もしなければ、営業黒字は１０００億円を超える。国内のＥＣ、フィンテックは確固たる地位を築いており、収益基盤はちょっとやそっとで揺らぐものではない。今の場所に止まっていればすでに楽天は高収益企業だ。しかし起業家・三木谷はこう考える。

「それのどこが面白いの？」

財務が盤石であればこそ、次の勝負に打って出るチャンスではないか。目の前に美味しそうな魚の群れがいるのだ。飛び込まない手はない。

携帯電話事業への設備投資額は約2400億円で、携帯電話事業の営業赤字は1972億円になった。赤字額は前年同期の892億円から拡大した。これが足を引っ張ってグループ全体の営業損益は1008億円の赤字（前年同期は207億円の赤字）になった。金融事業を含む有利子負債額は21年6月末時点で2兆6000億円と、この2年間で1兆円強増えた。負債の急増を懸念し、格付け機関S&Pグローバル・レーティングは7月下旬、楽天の長期発行体格付けを「トリプルBマイナス」から投資不適格水準の「ダブルBプラス」に引き下げた。

三木谷は一橋大学商学部を卒業した1988年から、起業する95年までの8年弱を日本興業銀行で過ごしている。元銀行員の三木谷は、必要と判断すれば大胆にリスクを取るが、リスクヘッジも忘れない。たとえばRCPで15兆円市場を狙って海外進出するなら、世界中でRCPを売り、システムを構築し、保守する構えを作らなくてはならない。それを自前でやれば、何百人、何千人を世界各国に配置する必要がある。固定費は大幅に上昇する。

そこで2つの世界的企業と提携した。1社はマーケティングをアウトソースするコンサルティング大手の米「アクセンチュア」（2020年12月に発表）。もう1社はRCPのシステムの構築と保守を担うインドのIT大手「テックマヒンドラ」（2020年9月に発表）だ。アマゾンとの激闘が続く国内ECでも新たなパートナーを得た。日本郵政グループ（JP）である。楽天は同社と合弁会社を設立、JPが持つ国内物流網と楽天のAI（人工知能）を組み合わせ、次世代の物流インフラを構築する形を作った。

俺のボスは妻の晴子と廣瀬のふたり

前線で戦う三木谷のために、後衛で兵站《へいたん》を確保し続ける男がいる。副社長執行役員CFOの廣瀬研二だ。

「ビジネスにおける武器弾薬は資金であり、それを滞りなく調達するのが俺たち財務の仕事」。財務を預かる廣瀬は、常にそう心得てきた。廣瀬について三木谷はたまにこんなことを言う。

「俺のボスは2人。1人は（妻の）晴子で、もう1人は廣瀬」。自分が思い切ってリスクを取れるのは、CFOの廣瀬が常に兵站を整えてくれているからだ。

三木谷と廣瀬の関係は少し大袈裟にいえば、フランスの「太陽王」ルイ14世とその会計顧問、コルベールのようだ。

イタリア発祥の複式簿記をフランスに持ち込んだジャン・バティスト・コルベールは1日2時間、ルイ14世に国家の財務状況をレクチャーした。ルイ14世はいつもポケットにコルベールが考案したミニ帳簿を忍ばせていたという。

「良くも悪くもこの会社は三木谷浩史でもっているんだから」。廣瀬がそう言えば、三木谷はこう混ぜ返す。「良くだけだ」。

三木谷とこんなやり取りができるのは財布の紐を握っている〝コルベール〟廣瀬だけだろう。

廣瀬は1985年、三和銀行に入行した。三和銀は2002年に東海銀行、東洋信託銀行との三行統合でUFJ銀行になったが、このとき廣瀬は中堅のひとりとして三行統合プロジェクトに加わっている。三行統合が実現した翌年には中核子会社、UFJストラテジックパートナーの取締役経営企画グループ長に抜擢された。

しかしUFJ銀行は三行統合でも勢いを取り戻せない。廣瀬は既存の銀行のビジネスモデルに限界を感じ始めていた。三菱東京フィナンシャル・グループに救済される形で三菱UFJフィナンシャル・グループになった2005年、廣瀬は退社を決意する。

「あと1年待てば本体の執行役員になれるんだから」

三和銀行の先輩、橋本仁宏（現・シャープ専務執行役員）は制止したが、廣瀬はそれを振り切って楽天証券に入社した。

この頃、楽天の社内は騒然としていた。三木谷は東京放送（TBS）株式の19・94％を取得し、同社に提携を迫っていた。04年にプロ野球に参入したこともあり、「時の人」となった三木谷の姿は、連日ワイドショーで取り上げられた。

世間の目はプロ野球参入とTBS買収に釘付けだったが、三木谷はこの時期に、フィンテック事業の基盤作りを始めていた。03年に住友銀行系のDLJディレクトSFG証券を買収。04年にあおぞら銀行とオリックスから「あおぞらカード」を買収。06年には楽天証券を設立した。「金融ビジネスの主流もネットになる」と読んだ三木谷は、金融系の人材の中途採用を本格化した。廣瀬が入社したのもこのタイミングだ。

廣瀬が入った頃の楽天証券はまだ、海のものとも山のものともつかない会社だった。だが統合に次ぐ統合で人事抗争が耐えないメガバンクの中にいても、思いどおりの仕事はできない。廣瀬はネットで新しい金融のビジネスモデルを作ろうという楽天に「虎穴にいらずんば虎子を得ず」の心境で飛び込んだ。

あだ名は「嫌と言わない男」

「なんだ、俺の実家の近所じゃないか」

楽天証券に入る前、三木谷のことを調べた廣瀬は二人が神戸の同じ地区で少年時代を送っていたことを知った。学年は廣瀬が2つ上だが、通っていた中学は隣同士。どこかですれ違っていたかもしれない。そう考えると、三木谷のいかめしい顔にも親しみが持てた。

楽天証券の立ち上げに奔走した廣瀬は、わずか4ヵ月で楽天本社に異動になり金融事業室長に据えられた。上司は楽天の初代CFO高山健。三木谷の興銀時代の先輩で、楽天が株式の上場（当時は店頭公開）を目指していた1999年、三木谷が三顧の礼で興銀から迎え入れたキレ者だ。

廣瀬の金融マンとしての資質の高さを見抜いた三木谷は、彼を常にフィンテックの最前線に配置した。そこは誰もが行きたがらない修羅場だった。

金融事業室長に就いた廣瀬は資金調達を中心とした財務をやるはずだったが、1年も経たないうちに、「経理の立て直しをやってくれ」と言われ、経理担当の執行役員になった。楽天の経理制度はベンチャー時代のままで会社の急成長に追いついていなかったため、廣瀬は銀行員時代の経験を生かして管理会計を導入した。

2008年に楽天が「イーバンク銀行」（現・楽天銀行）の筆頭株主になると、常務執行役員としてこの会社に送り込まれた。

2010年にアメリカのネット通販会社の「buy.com（バイ・ドットコム）」、2012年にカナダの電子書籍サービス会社「Ｋｏｂｏ（コボ）」を買収した楽天はグローバル企業へと登り始めており、三木谷は日本と北米、ヨーロッパ、東南アジアの4極体制を目指した。米国に創業メンバーの小林正忠、シンガポールに楽天球団社長の島田亨《しまだとおる》、ルクセンブルクに高山を配するつもりだったが、高山が「どうしても嫌だ」と言う。

そこから話がこじれ、高山は、2013年に相談役に退いた。その後、複数のITベンチャーで社外取締役を務めつつ太平洋にヨットを浮かべる悠々自適の生活に入る。高山の代わりにルクセンブルクに赴いたのが廣瀬だった。

2018年には楽天カードの取締役に就任した。しかしその年、本体のCFOだった山田善久が楽天モバイルの社長になると後釜のCFOを任された。2020年からは楽天モバイルのCFOも兼ねている。

三木谷にとっては「困ったときの廣瀬」。まさにコルベールだ。廣瀬もまたそれが自分の役回りだと思っていた。

「（劣勢のとき、ワールドカップ日本代表・三苫薫のように試合の流れを変えるために投入される）スーパーサブみたいなもんですよ。でも、いつも炎上しているところに行って問題を解決させられるから、飽きっぽい性格なんだけど飽きるヒマがない。うまいこと使われてますわ」

そんな廣瀬についたあだ名が「嫌と言わない男」。「行け」と言われればどんなピンチでもマウンドに上がり、ピシャリと後続を抑え込む。廣瀬のような男がいるから、三木谷は思い切ってリスクを取れる。

49歳で初の転職

廣瀬のほかにもうひとり、三木谷の後ろをガッチリ守る男がいる。代表権を持つ副会長で楽天のフィンテック事業全般を統括する穂坂雅之だ。

2017年の半ば、三木谷は穂坂に、ドコモ、au、ソフトバンクの3メガが君臨する携帯電話事業（MNO）に自前の回線をゼロから作って参入する計画を打ち明けた。社内でも社外でも強気な発言しかしない三木谷だが、この日は様子が違った。二人きりになったタイミングで、静かにこう言った。

「みんなには言わないけど、かなり厳しい戦いになる。でも絶対にここは譲れない」

穂坂は三木谷が言わんとするところをすぐに理解した。

「大丈夫です。こちらは任せておいてください」

「よろしく頼みます」

あの日のことを穂坂はこう振り返る。

「そりゃあそうでしょうよ。ヘビー級の3人が殴り合っているリングに、まるで戦績のないライト級が上がるわけですから。しばらくは大赤字ですよ。その間、私のところのフィンテックでしっかり支えろ、という意味です」

最大の理解者だった父親の良一が亡くなってから、三木谷にとって身近な年長者である穂坂の存在感は増しているように見える。楽天を起業してしばらくは「俺と同じ、日本でいちばん優秀な大学の後輩」と可愛がってくれた、一橋大の先輩でトヨタ自動車社長・会長を歴任した奥田碩に私淑した。ふだんは強面《こわもて》の三木谷だが、尊敬する年長者の前では素直になる。1954年生まれで11歳年上の穂坂は、そんな年長者のひとりだ。

穂坂は幼少期を北海道夕張市で過ごした。明治時代から炭鉱の町として栄えた夕張は穂坂がいた頃、人口10万人を超え絶頂期の賑わいを見せていた。中学から高校生までは静岡県富士宮市で過ごし、兄が進学していた大東文化大学に、新設された法学部の第1期生として入学する。ここで国際法を学び、大学院法学研究科で手形小切手法を専攻。「これからはカード事業が伸びる」と確信し、オリックスが設立した信販会社、ファミリー信販に新卒第1期で入社した。

北海道の大地で育ったせいか、穂坂には強烈なフロンティア・スピリットがある。大学も就職も1期生。いつも「何か面白そうなことはないか」と探している。2000年頃にはネット広告の代理店として急成長を遂げた「サイバーエージェント」の藤田《ふじた》晋《すすむ》と組み、日本で最初のネット専門の消費者金融事業を立ち上げた。穂坂が企画、藤田が代理店業務を担当した。

その藤田の紹介で穂坂は2003年、三木谷に会う。当時の楽天はEC事業しかなく社員数百人の会社だったが、その成長ぶりに注目していた穂坂は「楽天と提携できないかな、という下心があった」と打ち明ける。しかし三木谷は初対面の穂坂にこう切り出した。

「実はうちもカード事業をやろうと思っているんです。穂坂さんにやってほしい」

当時48歳の穂坂は迷った。まだ転職が当たり前という時代ではない。オリックスではそれなりの地位を築き、収入も安定していた。やりたいようにやってきたので仕事や職場に不満があるわけでもない。ただ、三木谷が話す構想が魅力的だった。

「年会費無料。楽天スーパーポイントで高い還元率を実現したい」

当時のクレジットカードは大半が年会費をとっており、貯まったポイントと交換できるのは支払明細書とともに郵送されてくるカタログに載る限られた商品だった。年会費が無料で、還元されたポイントが、楽天市場に出店する2万店舗の商品の購入に使えるなら、利用者が喜ぶのは間違いない。

「これは面白そうだ」

久しぶりにフロンティア・スピリットが頭をもたげ、穂坂はその年のうちに楽天に入社した。49歳にして初の転職だった。

カード会社は火の車だった

穂坂が入社した次の年、楽天は「あおぞらカード」を買収してカード事業に参入する。2005年には福岡にあった小さな信販会社、「国内信販」を買収していたが、これが曲者《くせもの》だった。

みずほコーポレート銀行（旧・興銀）を主力行とする同社は「典型的な地方の殿様企業」だった。福岡市内の本社ビルには、一般社員が乗れない役員専用のエレベーターがあり、一般社員立ち入り禁止の役員フロアはフカフカの絨毯と高価な調度品で飾られていた。社員のフロアでも肘掛け付きの椅子は管理職にしか与えられない。江戸時代の封建制度がそのまま残ったような会社である。

当然、ガバナンスも機能しておらず、未回収の債権が3ヵ月以上放置されていた。未回収の債権を放置すれば、債権者が夜逃げしたり、他の債権者に資産を取り押さえられたりして、資金が焦げつく。

楽天が国内信販の買収を発表したときの記者会見で、みずほコーポレート銀行頭取の斎藤宏はこう言った。

「10年前、三木谷が興銀を辞めるときに引き留めたことを覚えている。〝末に会わんとぞ思う〟が現実になった」

だがフタを開ければ、厄介者を楽天に押し付けたみずほが一枚上手だった。

2007年の年が明けると、当時、世間を騒がせていた「過払い金返還請求問題」も加わり、国内信販の経営はいよいよ火の車になった。三木谷にすれば「ダマされた」と嘆くことも、「こんな会社」と損切りで売却することもできた。しかし三木谷は黙って行動を起こした。

「穂坂さん、一緒に行ってください」

1月の仕事始め、三木谷は穂坂を伴い朝6時の飛行機で福岡に乗り込んだ。800人の社員を集めた三木谷はマイクを握ってこう叫んだ。

「回収、回収、回収！」

信販事業の未収には良性のものと悪性のものがある。借り手が振り込みを忘れた、振り込む時間がなかったというのが良性。返済する意思または能力がないのが悪性だ。信販の場合99％が良性で、放っておいても翌月から返済が再開される。だが三木谷は命じた。「今すぐ、すべての未収を回収せよ」

国内信販の社員たちは凍りついて動かない。

「もういい。俺がやる！」

痺れを切らした三木谷はおもむろに目の前の受話器を取り、未回収の債務者に電話をかけようとした。

「待ってください。それを社長がやっちゃいけない。私がやります」

穂坂が慌てて受話器を押し戻した。

２０２３年3月時点で、発行枚数２８６３万枚、取扱高18兆２０００億円といずれも日本一で、年間に２９４３億円の営業利益を叩き出す「楽天カード」はこんなふうに始まった。

それから1ヵ月、三木谷と穂坂は週3回のペースで朝6時の飛行機に乗り、福岡に通った。行き帰りの機中も三木谷は休まない。「楽天市場」、「楽天トラベル」、ゴルフ場予約サービスの「楽天ＧＯＲＡ」。背表紙に事業名が書かれた分厚いファイルを抱え込み、現場から上がってきた日報の細かい数字を丹念にチェックしている。穂坂の視線に気づくと三木谷はファイルから顔を上げていった。

「あ、これ、僕の愛読書です。信販でもこういうのを作らないといけませんね」

負け試合を勝ちに持っていく胆力と実行力。

「この男は本物だ」

穂坂はそう思った。

三木谷がいつでもやりたいことができるように、自分が任されたフィンテックで常に潤沢な利益を上げ続ける。穂坂はいつしか「それが自分の使命」と思うようになる。

「楽天カードマン」のフレーズで知られる川平慈英のど派手なテレビＣＭとは対照的に、フィンテックの実態はカード1枚、顧客1人を増やしていく地道な作業で、飽きっぽい三木谷に向いているとは思えない。

2014年に楽天本体で代表権を持ちフィンテックのトップを任されてから7年、売上高が対前年を越えなかったことは1度もない。それが穂坂の密かな誇りである。

楽天銀行上場の次

ふだんはあまり感情を表に出さない穂坂が、21年10月12日に始まった楽天グループのビジネスカンファレンス「楽天オプティミズム2021」で珍しく吠えた。

「われわれは2~3年後に、クレジットカード発行枚数3000万枚、ショッピング取扱高30兆円、カード業界のシェア30%のトリプル3を達成する」

その時点で2600万枚に達していた発行枚数を3000万枚にするのはともかく、取扱高は2倍以上、シェアは10ポイントアップという、けっして易しくない目標だ。

トリプル3を目指すため穂坂が掲げた第一歩は、楽天銀行の上場だった。楽天グループの子会社で初めての新規株式公開（ＩＰＯ）である。２０２３年4月21日、東京証券取引所プライム市場への上場を果たし、終値は公開価格（1株１４００円）を37％上回る1株１９３０円で時価総額は約３２８１億円となった。楽天グループは保有株式の一部売却で７１７億円を調達した。この資金が携帯電話事業の設備投資を下支えする。

穂坂は楽天銀行の上場を弾みに、フィンテック事業のグローバル化を目指すつもりだ。すでにアメリカで提携カードの発行の市場テストを終え、銀行免許の取得に動いている。「トリプル３宣言」をしたあとの雑誌のインタビューで穂坂はこう語っている。

「米国での展開のデータはそろっていて、やりたくてしょうがない。ＩＴ企業が出自ということで当局が慎重だが、間違いなくやる。免許が取れればここが一気に拡大する」

穂坂は、楽天証券などグループのフィンテック系が集まる南青山のビルでインタビューを受けることが多い。三木谷は穂坂に「城」を与えている。リスペクトの証である。

楽天グループの売上高をセグメント別に見ると、穂坂の存在の大きさが分かる。三木谷が直轄するＥＣの「楽天市場」などインターネット・サービスが約50％を占めるが、穂坂が預かるフィンテックなどの金融事業も35％を稼ぎ出す。営業利益率で比べると、フィンテック（14・７％）はネットサービス（７・３％）の２倍近くになる。

穂坂がトリプル３の達成目標を「２〜３年後」としたのは、自分の年齢を考えてのことだ。穂坂は23年の７月で69歳になる。70歳を区切りと考える穂坂は、三木谷が今後も存分にリスクを取れるよう、「トリプル3」で楽天の財務を盤石にしようとしている。

「トリプル3は俺の置き土産だよ」

廣瀬と穂坂。金融のプロフェッショナルである2人の後衛の存在が、積極果敢に攻める三木谷の経営の担保になっている。


だが株式市場はそのことに対して、懐疑的だ。証券アナリストの試算によると、楽天市場などのインターネット・サービスには約2・7兆円、フィンテック事業には約2・3兆円、今はまだ赤字の携帯電話事業にも約5000億円の事業価値があるという。3つの合計は5兆5000億円だが、22年3月末時点の楽天の株式時価総額は1兆5200億円にとどまる。

事業ごとに好不調の差があり、投資家は企業の適切な実力を見極めにくく「5割のディスカウントが妥当」とする投資家もいる。いわゆるコングロマリット・ディスカウントだ。

廣瀬は自分を責める。

「インターネット・サービスとフィンテックとモバイルはやがてそれぞれが相乗効果を生み始める。本来はコングロマリット・プレミアムが評価されるべきなのに、俺たちは楽天の将来性を投資家にしっかり説明しきれていない。これはCFOの責任だ」

一方で廣瀬はこうも言う。

「モバイルがきちんと立ち上がって潤沢なキャッシュ・フローを産むようになったら、もう怖いものはない。そこまで行ったら俺は隠居だ」

楽天モバイルは人口カバー率96％の達成を4年前倒しした。一義的には楽天グループの総力を結集して全国にアンテナを立てまくった矢澤俊介の功績だが、その分、設備投資も1兆円に膨らんだ。あの手この手の資本政策で資金を調達したのが廣瀬であり、フィンテックでグループの収益を支えたのが穂坂である。

がっちりと守りを固める後衛の二人を得たことは、三木谷にとって大きな幸運のひとつである。

生きるか死ぬかの瀬戸際

3メガに無謀な戦いを挑んだ楽天はやがて資金繰りに行き詰まって破綻する——国内メディアがさかんに楽天の苦境を伝える光景は、孫正義が仕掛けた一世一代の大博打のときとよく似ている。

2006年3月、孫は「ボーダフォン日本法人」を買収した。買収総額1兆7500億円。この買収を実現するため孫はボーダフォンの資産を担保にしたLBO（レバレッジド・バイアウト、買収先の資産やキャッシュ・フローを担保にした資金調達による買収）に踏み切った。11月にはこの買収資金を借り換えるため、ソフトバンクモバイルの全資産とキャッシュ・フローを担保にした事業証券化で1兆4500億円の資金を調達している。

リスクを恐れる金融機関は厳しい「財務制限条項」をつけてきた。ソフトバンクの携帯電話の契約者数が計画どおりに増えなかったり、細かく決められた負債返済スケジュールやEBITDA（利払い・税引き・減価償却前利益）の目標値などが達成できなかったりすればソフトバンクの経営の自由度がどんどん制限されていく仕組みだ。

しかも、競争相手は長年、日本の携帯電話市場を支配してきたNTTドコモと、経営の神様、稲盛和夫が率いるKDDI（ブランド名は「au」）である。ボーダフォンのネットワークは2強に比べれば脆弱で「つながりにくい携帯電話」と言われていた。

ここで孫は腹を括る。

何がなんでも契約者を増やさないと財務制限条項に抵触してしまう。ソフトバンクは事業証券化を翌月に控えた10月、携帯の番号持ち運び制度、「番号ポータビリティ（MNP）」の導入に合わせて「通話料、メール代ゼロ円」などとうたった新料金プランを大々的に打ち出す。ところがこの新料金プランに対して、NTTドコモの中村維夫《なかむらただお》社長が「怒りを覚える」と噛みついた。

10月28日にはMNPで解約・登録手続きを処理するシステムに障害が発生して一時、新規受付を停止。30日には孫自らがシステム障害の謝罪会見を開き、同じ日に公正取引委員会に呼び出されて「ゼロ円」キャンペーンの説明を求められた。11月1日には「ゼロ円」を強調したテレビCMなどの修正を余儀なくされる。「0円撤回」で躓《つまず》いた今の三木谷にそっくりだ。

このときの孫はまさに、生きるか死ぬかの瀬戸際にいた。ドコモとKDDIは明らかにソフトバンクを潰しに来ていた。かつては携帯電話会社を変えると電話番号が変わってしまうので、よほどのことがない限り、電話会社を変えることはなかった。しかしMNPの導入により、番号を変えなくても電話会社は簡単に変えられる。利用者は少しでも有利な料金プランに乗り換えようと躍起だ。最後発のソフトバンクは、少しでも手を緩めれば、あっという間に2強に顧客を奪われる弱い立場にあったのだ。

東京・箱崎のロイヤルパークホテルで開かれた記者会見の質疑応答で孫は、3時間にわたって延々と記者の質問に答えた。午後4時に始まった会見が8時を過ぎた頃、すまなそうにこう言った。

「申し訳ないが予定の時間を過ぎてしまったので会場を空けなければなりません。追加の質問があれば電話、ファックス、メールで問い合わせてもらえれば必ずお答えします」

質疑応答で手を挙げ続けたが当てられなかった筆者は、オフィスに戻ると電話で質問をした。午後10時、オフィスのファクシミリが音を立て、ソフトバンクからの回答を記した紙をゆっくりと吐き出し始めた。回答の最後には「孫正義」という手書きの文字があった。

別の日、個別取材でソフトバンクの本社を訪れると、孫は会議室のホワイトボードにサインペンで基地局やアンテナの絵を描き、「つながらない問題」がなぜ起きているか、それをいつまでに、どうやって解決していくかについて、口角泡を飛ばして説明した。

会社の信用とはシーソーのようなものである。とくにギリギリのリスクを取って大勝負をしているとき、投資家や金融機関は疑心暗鬼に陥りやすい。誰かひとりが「ダメかもしれない」と後《あと》退《ずさ》りすれば、均衡が一気に「破綻」へと傾く。シーソーが傾かないように、孫は自分たちのビジネスプランの正しさを世間に必死にアピールしたのである。

ソフトバンクの携帯電話事業がようやく軌道に乗ったのは08年。アップルのｉＰｈｏｎｅの国内独占販売を始めてからだ。

大勝負

後発の携帯電話が「つながりにくい」のには理由がある。

最初から先発会社と同等に潤沢に基地局を作れば「つながる」が、それでは料金は下げられないから「ぎりぎりの数」で済まそうとする。すると、どうしても「つながりにくい」場所ができてしまう。そこに基地局を建てて穴を埋めるには数年単位の時間がかかる。

ふつうの会社や経営者はそんなリスクを冒さない。日本でそこに挑んだのが、稲盛、孫、三木谷である。

世の中を変えた世界の起業家は、三木谷や孫と同じように〝リスク中毒〟だ。１９９４年創業の「アマゾン・ドット・コム」は97年に上場したが、創業から約20年間、営業利益をほとんど計上せず、配当もほんのわずかだった。

この間、売上高は爆発的に増えたが、その大半をネット通販の物流網整備や、今やアマゾンの最大の収益源となったクラウド・サービスを提供するＡＷＳ（アマゾン・ウェブ・サービス）の巨大なデータ・センターへの設備投資や研究開発に回してきた。

機関投資家が不満を言うと、ベゾスは不敵にこう言い放った。

「われわれは長期的な先行投資によって圧倒的な市場リーダーになるから、アマゾンの株は将来、間違いなく上がる。目先の利益が欲しいなら、株を売ればいい。後で後悔することになると思うけど」

ベゾスの言葉どおりアマゾンの株価は上昇し続け、今や時価総額は１７０兆円を超えている。ベゾスを信じて株を持ち続けた投資家は巨万の富を得た。

ＥＶ（電気自動車）の代名詞になった「テスラ」のイーロン・マスクも２０１７年には「プロダクション・ヘル（生産地獄）」でもがいていた。ＥＶを開発することと、量産することはまったく意味が違う。ベンチャー企業にとって「一定の品質を保ちながらの大量生産」は最も苦手とするところだ。

生産現場では毎日のように新たな問題が発生し、解決すると次の問題が起きる。マスクは工場に寝袋を持ち込み、24時間体制でトラブルに対処した。この間、テスラの財務も地獄の様相を呈する。四半期の「キャッシュ・バーン（現金燃焼）」は1000億円規模に達し、投資家から調達した資金がみるみる燃えていく。ある米国の投資家は、この頃の気持ちをこんな風に述懐している。

「鼻血が出そうな損失と、涙が出そうなキャッシュ・バーン、（新型車の発表など）頻繁に公表される胸躍るニュースに慣れっこになる」

その結果、マスクを信じた投資家は、想像を絶するリターンを得た。テスラの時価総額は約75兆円。トヨタ自動車（約31兆円）の2倍以上だ。

三木谷は23年の時点で、孫がボーダフォン買収で大勝負に出た06年の段階にいる。孫が国内携帯電話事業を「金の成る木」に変えたように、三木谷も楽天モバイルとフィンテックで成功を収められるのか。

ひとつだけ分かっているのは、今の日本で、有り金すべてを賭けのテーブルに放り出すような生き方ができるのは、日本では三木谷と孫の2人だけ、ということだ。

海賊の仲間たち―― 6

アベル・アヴェラン

ABEL AVELLAN

「スペースX」の イーロン・マスクに 挑む男

衛星の星座

２０２２年2月26日――。

「イーロン。ロシアと戦うためにスターリンクを提供してくれ」

冒頭でも紹介したが「スターリンク」とは、米ＥＶ（電気自動車）メーカー「テスラ」のＣＥＯ、イーロン・マスクが経営する「スペースＸ」が２０１４年に開発を始めた衛星インターネット接続サービスだ。

マスクが経営する宇宙開発会社、スペースＸは２０２０年からスターリンクの運用を開始している。スターリンクは宇宙空間に複数（２０２２年末時点で約３０００基）の人工衛星を浮かべ、地上の受信機とやり取りする衛星コンステレーション（コンステレーションとは星座のこと）だ。その名前のとおり、星座のように何千基もの衛星を地球の低軌道に浮かべ、これらを協調させて通信する次世代の通信技術。プーチン大統領もさすがにアメリカ企業の衛星を撃ち落とすわけにはいかない。これでウクライナの軍と市民は最低限の通信を確保した。

人工衛星を使った通信サービス自体は１９７０年代から実用化されており、米通信会社の「モトローラ」が主導した「イリジウム計画」などが有名だ。当時は複数の人工衛星を協調動作させる技術がなく、衛星の打ち上げコストも今よりはるかに高かったため、利用できる場所が限られ料金が高すぎて政府の要人くらいしか利用者がいなかったが、冷戦終結後は宇宙開発の主戦場が軍需から民生に変わり、衛星の打ち上げコストが大幅に下がった。今では地上の回線を使う既存の通信サービスと互角の競争が可能になると言われている。

宇宙空間からインターネット通信を提供する衛星コンステレーションは、EV同様、今が旬だ。3236個の衛星を浮かべる「プロジェクト・カイパー」を推し進めるアマゾン・ドット・コム、ソフトバンクグループが出資し、欧州の航空機メーカー「エアバス」とタッグを組む米ベンチャーの「ワンウェブ・サテライツ」、AT&Tのベル研究所にルーツを持つ「テレサット」などが無数の衛星を打ち上げ、「観測の邪魔だ」と天文学者が悲鳴をあげるほどの活況ぶりである。

前述のとおり楽天モバイルもこの衛星コンステレーションに挑んでいる。開発を担うのは楽天が2020年に出資したアメリカの通信ベンチャー「ASTスペースモバイル」だ。創業者はこれまで米国で衛星通信事業などを手掛けてきたベネズエラ生まれのアベル・アヴェラン。

少し垂れ目で笑うと可愛い八重歯が覗く太っちょのアヴェランは、ベネズエラのシモン・ボリバル大学を卒業したあと、米国に渡って人工衛星ビジネスの世界に入り、大手衛星通信会社を渡り歩いたあと、2017年にASTスペースモバイルを設立した。通信業界にかれこれ25年もいる古株だ。

楽天は2020年3月、英携帯電話大手のボーダフォンとともにASTに総額1億1000万ドル（約140億円）を出資した。ASTは他からも資金を集め、22年9月には試験衛星「ブルーウォーカー3」の打ち上げに成功。23年4月には宇宙空間を経由した音声通話を成功させるなど、商用化に向かって着実に歩を進めている。

宇宙に巨大なアンテナを浮かべて

楽天は「残り4％」をカバーするために衛星コンステレーションを使う。

楽天モバイルの人口カバー率が96％に達した2022年2月、3メガのある幹部はこんな言葉を漏らした。

「96％と言ってもね、そこからが大変なんだよ。残り4％のためにわれわれがどれだけの時間と金を使ってきたことか」

人口が密集した都市部はアンテナ1本で何百、何千の利用者をカバーできるが、過疎地や離島では利用者がまばらになる。ふつうのやり方では、残り4%の引き上げに、それまでの3倍以上のコストと時間がかかる。

そこを埋めるのがASTだ。ASTの衛星コンスタレーションは地上から約730kmの低軌道に人工衛星を打ち上げ、通常のスマートフォンで直接通信できるようにする。「スターリンク」など他社の衛星コンステレーションは宇宙からの電波をキャッチするため、専用の端末やアンテナが必要だ。だからイーロン・マスクは専用端末を大量にウクライナに送った。ASTのシステムは、今われわれが使っている「ふつうの携帯端末」で人工衛星と直接電波をやり取りできる。

低軌道とはいえ730km上空の宇宙空間にある人工衛星がスマホの微弱な電波をキャッチするのは「不可能だ」と考えられてきた。アヴェランは全長24mの巨大なアンテナを宇宙に浮かべて携帯電話の微弱な電波を拾うことを思いついた。

アンテナ1基で直径3000kmもの巨大なエリアから上がってきた電波をキャッチでき、特定のエリアに指向性を強め電波を発射するビームフォーミングの技術で直径24kmのエリアに宇宙から電波を発射する。理論上はこれで宇宙空間にある衛星を介し、ふつうの携帯端末との通信が可能になる。

2019年の春、楽天を代表してアヴェランに会いにいったのはアミンだった。それぞれが挑んでいる「世界初」について語り合い、「目指す方向は同じじゃないか」と意気投合した。アミンの紹介でアヴェランが二子玉川の楽天本社で三木谷に会ったのが2019年5月。そのときの様子をアヴェランはオンラインの取材で筆者にこう語った。

「ミッキー（三木谷のニックネーム）は社員と同じフロアで働いていて、隣の椅子にはミッキーマウスのぬいぐるみがあった。ずいぶんフランクなCEOだな、と思ったよ。われわれのサービスは（新興国など電波が届きにくい場所に住む）何十億人もの人々に対してデジタル経済へのアクセスをもたらす画期的なものなので、先頭を走ることを恐れないリーダーと一緒にやりたいと思っていた。タレックから完全仮想化の話を聞いたとき、『こいつら、いったいぜんたい、なんてことをやろうとしているんだ！』と驚いたが、ミッキーはまさに恐れを知らないリーダーでした」

ちなみに外国人にとって「ヒロシ」はとても発音しにくいらしく、三木谷は英語で話すとき、最初に「プリーズ・コール・ミー・ミッキー（ミッキーと呼んでください）」と言う。社長と平社員でも同じ会社の中ならファーストネームで呼び合うのが世界標準なので、外国人社員はみな「ミッキー」と呼ぶ。

日本の社員同士でも三木谷がいないところでは「この前、ミッキーがさあ」といった感じだが、面と向かって「ハイ、ミッキー」とやれる強者は少ない。外国人社員が混じった英語のミーティングでは、日本人役員も「ミッキー」と呼ぶが、少し照れ臭そうだ。

ミッキーこと三木谷は、アミンから完全仮想化の話を聞いたときと同じように、アヴェランの構想を聞いた瞬間、直感的に「いける」と思った。

「宇宙というと大袈裟に聞こえるけど、730㎞って東京と広島の距離でしょ。電波の特性を考えれば、そんなに遠くない。水平方向には山やビルなどさまざまな障害物があるけど、垂直方向には遮蔽物がほとんどないからね」

こうしてアヴェランも世界最先端をゆく楽天モバイル・ネットワークの開発ファミリーの一員になった。

面白いのは衛星コンステレーションに挑んでいるメンツだ。イーロン・マスク、ジェフ・ベゾス、孫正義、そして三木谷浩史。グローバルにビジネスや投資を展開する4人は、国境を超えたインターネット通信の確保が何よりも大切であることを知っている。マスクがウクライナでスターリンクの回線を開いた一件は、その正しさを証明した。

ひとたび災害や戦争が起きれば、地球を網の目のように覆うインターネットも寸断される。ネットがあることを前提に全てのビジネスを進める4人にとって、通信の確保は死活問題であり、彼らは宇宙空間を使うことでそのルートを確保しようとしている。

三木谷がASTを選んだ理由は戦争より災害への対応のほうが大きい。三木谷が興銀を辞めて起業するきっかけは、1995年の阪神淡路大震災で大好きだった叔母夫婦を亡くしたことにある。会社を休んで被災地に直行し、瓦礫の中で叔母夫婦の姿を探した経験は、三木谷の人生観を変えた。「人生は儚《はかな》い。やりたいことに全力を注ぐべきだ」。それが起業に結びついた。

もうひとつの震災も三木谷にとって特別な記憶になった。

2011年の東日本大震災では、東北楽天ゴールデンイーグルスのオーナーとして、田中将大らと被災地を回った三木谷は携帯電話がつながりにくくなり、不安な夜を過ごす被災者を目の当たりにした。携帯電話事業者になった今、自分たちのユーザーに、そんな思いをさせてはならない。

3メガは、災害で地上ケーブルやアンテナが使えなくなったときを想定し、何十台もの車載基地局を持っている。通信網が寸断された場所に駆けつけ、アンテナを掲げるのだ。しかし、東日本大震災のときには道路があちこちで通行止めになり、せっかくの車載基地局が被災地に届かなかった。

スターリンクの日本法人に移籍した元・楽天モバイル技術戦略本部長の内田信行が言う。

「人工衛星と利用者の携帯電話の間で電波をやり取りするASTの衛星コンスタレーションは災害時に無類の強さを発揮します。離島だろうが山奥だろうが、空さえ見えていればつながりますから」

21年に総務省で衛星通信システム委員会が立ち上がり、既存の携帯電話やテレビといった他の電波との干渉問題などを解決するため、1年がかりで衛星コンスタレーションのルールを作った。

ASTは2023年4月21日に衛星と携帯端末との通信に成功しており、24〜25年のサービス開始を目指している。

地上の完全仮想化ネットワークと宇宙の衛星コンスタレーション。

三木谷は世界で最先端のふたつの技術で携帯電話事業への参入を果たした。こうしたチャレンジは海外では高く評価される。だが、日本では、「得体が知れない」と怪しまれる。

「今はまだ書いちゃダメだぞ」

「楽天の赤字過去最大　21年12月期最終、携帯投資重く」（『日経新聞』）

２０２２年２月14日に楽天が発表した21年12月期の決算が１３３８億円の最終赤字を計上したことを受けて、メディアはこぞってネガティブに報じた。

しかし１ヵ月後に東京・二子玉川の楽天本社で会った三木谷はサバサバした表情を浮かべてこう言った。

「技術的にも資金的にも、いちばんたいへんなところはもう抜けてるからね……」

三木谷の目から、ピリピリと張り詰めた感じが消え、その奥に静かな自信がのぞいていた。

「楽天市場も楽天カードも楽天トラベルもプロ野球参入も、95％の人が失敗すると言ったけど、僕の中には方程式があった。楽天モバイルも、この方程式にハマった。あとはお金と時間をかけて、基地局をつくりユーザー数を増やしていけばいい。突っ走るだけだ」

三木谷の顔が穏やかだったのは、当座の資金繰りの目処《めど》が立ったからだ。

2021年3月12日、第三者割当増資で2423億円を調達する、と発表した。発表の直後に筆者が三木谷から聞いた増資のその意味合いはこうだ。

「今はまだ書いちゃダメだぞ。増資の引受先は日本郵政、ウォルマート、テンセント。ウォルマートとテンセントは純粋な投資。米中の巨大企業が、楽天モバイルの将来性を評価してくれた」

3月12日の発表によれば、増資額と出資比率は以下のとおり。

・日本郵政　1500億円　8・32％
・テンセント　657億円　3・65％
・ウォルマート　166億円　0・92％

かんぽ生命保険の不正販売問題に揺れた日本郵政を立て直すべく、増田寛也が社長として乗り込んだ。増田は、建設省（現・国土交通省）から岩手県知事に転じた後、民間人として総務大臣を2期務めた。知事時代は「改革派」で鳴らし、三木谷とは昔からウマが合う。

ネット通販でアマゾンと激しい物流競争を繰り広げる楽天にとっては、資本だけでなく、日本郵政が持つリアルの物流拠点は大きな魅力だ。デジタル化が大きく遅れている日本郵政にとっては、楽天が持つテクノロジーが役に立つ。

ウォルマート傘下の西友と楽天はすでに共同でネット・スーパーを展開しており、米国ではウォルマートが楽天の電子書籍端末「Ｋｏｂｏ」を販売するなど、従前から提携関係にある。米国でアマゾンと闘っているウォルマートにとって「敵の敵は味方」という理屈で楽天はパートナーであり、楽天への出資は自然な流れだ。

三木谷にとってはテンセントの出資も、まったく自然なものだった。アリババ・グループの創業者、馬雲（ジャック・マー）と並び称される中国を代表するＩＴ起業家、馬化騰（ポニー・マー）と三木谷はアジアを代表するＩＴ企業のトップ同士として親交があった。

テンセントはフィンテックの分野などでアリババとライバル関係にあり、ネット通販でアリババと競合関係にある楽天は「敵の敵」、つまりは味方である。さらにテンセントは中国のみならず世界各国のＩＴベンチャーに投資する「投資家」の顔も持っている。テンセントからの出資は「この会社には将来性がある」とお墨付きを得たことを意味する。

携帯電話の完全仮想化を成功させたことで、日米中の巨大企業が楽天の将来性を高く買い、出資に応じてくれた。三木谷にすれば、増資で資金調達に成功した嬉しさより、この3社に認められたことの方が大きな喜びだった。

ところが、この増資が思わぬ波紋を呼ぶ。テンセントからの出資に対し、日本の一部の政治家や官僚が「中国に情報が漏れる」と、経済安全保障を理由に騒ぎ始めたのだ。

テンセントの楽天への出資比率は3・65％。この程度の出資比率で経営に介入できるようなら、世界中の企業がアクティビスト（物言う株主）の言いなりだし、あらゆる企業が簡単に中国に支配されてしまう。「テンセントが楽天の顧客情報を盗む」と騒ぐのは、ビジネスの現場を知らなすぎる暴論である。テンセントの目的は楽天の株価上昇で資産を増やすこと。単なる「投資」である（もっとも、楽天グループの株価は3社の出資から2年半が経過した23年7月の時点で約2分の1になり、思惑は大きく外れている）。ちなみに、21年10月、テンセントは出版社大手のKADOKAWAに300億円出資する（出資比率は6・86％）ことを発表している。狙いはゲームやアニメの共同開発だ。

しかし中国脅威論を唱える人々のヒステリーは収まらない。中国を仮想敵とした経済安全保障を最初に言い出し、中国通信機器大手、ファーウェイを締め出し、カナダ政府に依頼して同社創業者の娘で最高財務責任者（CFO）の孟晩舟を逮捕した（のちに解放）のは米政府である。政治的な思惑から米政府までもが「楽天はけしからん」と言い出し、テンセント脅威論がますます声高に叫ばれる。3・65％の出資を受けただけなのに、まるで楽天がテンセントに買収されるかのような大騒ぎになった。三木谷は怒ると言うより、「何を騒いでいるのか分からない」といった様子でキョトンとしていた。

結局、この騒動は「日米両政府が楽天・テンセントの動向を共同監視する」という、とってつけたような声明が出されたところで落ち着いたが、実際には、監視と言っても楽天が定期的に政府にレポートを出す程度。この国の世論はときどき、妙なところでヒートアップする。

エリザベス女王が来た

筆者は新聞社のロンドン特派員時代、こんな経験をしたことがある。

イギリスに赴任して間もない1998年9月、富士通がダーラム州にある半導体工場を閉鎖すると発表した。91年に操業を始めたばかりの新しい工場である。一報を聞いて工場に駆けつけると、富士通の日本人社員たちがひとつの部屋に集まっていた。一様に怯えた表情を浮かべている。理由を尋ねると、解雇されることになる従業員や地域住民に襲われることを恐れているのだという。

「いくらフーリガン（サッカーの試合で暴れる暴徒）の国でも、そんなことは……」

訝《いぶか》しむ筆者を社員は工場長室へ連れて行った。

「あれを見てください」

工場長の机の後ろの壁に飾られた大きな写真を指さした。工場の建屋を背景にエリザベス女王がにこやかにテープをカットしている。社員が説明してくれた。

「この工場ができたころ、イギリスは英国病と呼ばれた長い不景気の真っ只中でした。イギリスは国を挙げて海外からの投資を募りました。自国の産業は鉄鋼も自動車もエレクトロニクスも国際競争力を失っていましたから、雇用を支えるため、さまざまな補助金や免税措置を講じて、なんとか外資を呼び込もうとしていたのです。それに応じたのが、当時絶好調だった日本企業。うちやNECさんが半導体工場を建て、日産さんはサンダーランドに乗用車の組み立て工場を建てました。うちの工場の竣工式には、なんと、エリザベス女王が来たんですよ。わが国に投資をしてくれてありがとう。地元の雇用をよろしくお願いします、と」

イギリスがそこまで礼を尽くしたのに、わずか7年で工場を放り出すのだ。英国労働者の気性の荒さを知る富士通の日本人社員は「工場が襲撃されるのではないか」と本気で心配した。実際には、襲撃はなく、ダーラムの人々は「今までありがとう」と礼儀正しく富士通を見送った。

1000億円、1000億円単位の投資をする・されるの関係というのはそういうことだ。しかし2016年に台湾の鴻海《ホンハイ》精密工業（フォックスコン）が3888億円でシャープを買収したときの日本の反応は「乗っ取られた」「液晶技術が流出する」とネガティブ一色だった。

シャープは堺や亀山の液晶工場への過剰投資で墓穴を掘り、日本の電機大手からも、主力銀行すらからも見放された会社である。そこに4000億円近い資金を投じて雇用を守ってくれたのだから、イギリスに倣えば日本への巨額投資を決断したフォックスコン創業者の郭台銘（テリー・ゴウ）を天皇陛下が出迎えても不自然ではない。しかもフォックスコンはわずか数年でシャープを黒字化した。

だが日本政府や国民がフォックスコンに感謝することはけっしてなかった。

三木谷は携帯電話への投資で資金需要が嵩んでいる楽天に2423億円を出資してくれた日本郵政、ウォルマート、テンセントに対して素直に感謝した。それが世界の常識である。だが「外資＝ハゲタカ」「中国＝敵」と脊髄反射で考える人々は、楽天が中国に膝を屈したがごとくに三木谷を叩いた。

松下幸之助も本田宗一郎も盛田昭夫も中内㓛も

2009年、三木谷が「楽天市場」に出店する「ケンコーコム」などと組んで、医薬品のネット販売を規制する厚生労働省令の取り消しを求めて裁判を起こしたときも、世間に叩かれた。「薬局での対面販売とネット販売の何が違うのか」と三木谷が詰め寄ると、厚労省の役人は「ネットでは患者の顔色や匂いが分からない」と真顔で主張した。

13年1月、ネット販売を認めた二審判決を支持する最高裁判決が出て一般医薬品のネット販売は事実上、解禁された。だが医師の処方箋が必要な医療用医薬品から一般医薬品に転用されてから間もない「スイッチ直後品目」に分類された23品目（発毛剤の「リアップX5」、解熱鎮痛剤の「ロキソニンS」、アレルギー用薬の「アレグラFX」など）と、副作用リスクが高い「劇薬」に分類されている5品目（勃起障害等改善薬の「ハンビロン」など）の計28品目は例外で、相変わらず対面販売に限定されることとなった。

「最高裁で違憲判決が出たのに、ゾンビのようにもう一度規制をかけるのは許せない」と三木谷は憤ったが、医薬品のネット販売については今も規制が残り、医療用医薬品のネット販売は認められていない。ここで規制緩和に踏み込めなかったことが、コロナ禍で病院に薬を取りに行けない大量の「クスリ難民」を生み出すことにつながる。

さまざまな規制について、「緩和せよ、改革せよ」という総論的な声は上がるが、いざ各論になると既得権を握る者たちの圧力で潰される。

三木谷の経営者人生は、既得権益者たちとの戦いの連続であり、四半世紀もそれを続けてきた三木谷は、こうしたバッシングを受け流し耐える力を身につけつつある。

孫正義は2021年6月23日の株主総会でこんな発言をした。

「19世紀の産業革命では、蒸気機関を発明した（起業家の）ジェームズ・ワットらに開発資金を投じた資本家のロスチャイルド家の存在も大きかった」

前置きの後、孫は高らかに宣言した。

「（投資額を上回る資金の回収を目指す『投資家』ではなく）SBG（ソフトバンクグループ）は情報革命の資本家であると定義したい」

「年をとったとか、お金に目がくらんだとか、利益も髪も薄くなったとか、そこまでは言われていないが、（私は）未来を作ることに一番の使命を感じています」

孫は得意の自虐ネタを交えながら、起業家から投資家に、そしていまは資本家になったと宣言したのだ。

米欧の資本主義は起業家だけで発展したわけではなく、彼らを支えた資本家の存在も忘れてはならない。日本では敗戦後、占領軍によって財閥が解体され、ロスチャイルド家のような資本家がいなくなった。その代わりに経済の中軸を担ったのは銀行であり、中央官庁だった。

奇跡の戦後復興の象徴となった伝説の起業家たち――松下幸之助も本田宗一郎も盛田昭夫も中内㓛も――誰一人として、資本家に転ずることなく、その生涯を終えた。彼らの会社は「オーナー企業」から「サラリーマン企業」となって生き残ったが、彼らの生み出した富は、国や銀行に簒奪され、富も権力も蓄積されることなく消えていった。

事業家引退を宣言した孫が投資家として成功すれば、戦後日本で最初の資本家になるかもしれず、それは日本経済の大きな転機になるかもしれない。

一方の三木谷は今なお、泥臭く起業家であり続ける。

かつて日本興業銀行という日本経済の中枢に席を置き、その凋落ぶりを目の当たりにした三木谷には「世の中を変えるのは銀行ではなく起業家だ」という強烈な自負がある。

1965年生まれの三木谷は、1957年生まれの孫正義より一世代若い。携帯電話の楽天モバイル、がん治療の楽天メディカルと、自らが先頭に立って既得権と戦わなければならない仕事がまだ三木谷にはある。いずれは三木谷も孫の後を追って資本家を目指すかもしれないが、今はまだそのときではないようだ。

海賊の仲間たち―― 7

アンドレス・イニエスタ

ANDRÈS INIESTA

ぼくが
日本に来た理由

年俸総額トップで最下位

2023年6月6日。東京・千駄ヶ谷の国立競技場は温かい空気に満ちていた。

2018年にスペインの名門「FCバルセロナ」からJリーグの「ヴィッセル神戸」にやってきたスーパースター、アンドレス・イニエスタが、本人とチームの話し合いの結果、シーズン途中で退団することが決まった。

ヴィッセルはイニエスタへの感謝を込め、一夜限りのスペシャルな親善試合を組んだ。バルセロナvsヴィッセル神戸。世界屈指の強豪リーグ、スペインの「ラ・リーガ」で4年ぶりに優勝したバルセロナは、かつてのチームのレジェンドのため滞在時間24時間という強行スケジュールで、レヴァンドフスキ、アンス・ファティ、ガビ、デ・ヨングらスター選手で構成するトップチームを日本に送り込んだ。バルセロナの監督は前期からチームの再建を任されたシャビ。現役時代、イニエスタとともにバルセロナの黄金時代を支えた盟友だ。

試合は2対0でバルセロナが勝ち、70分過ぎまでプレーしたイニエスタは試合後、シャビと抱き合った。スタンドに詰めかけたサッカー・ファンたちは「イニエスタありがとうー!」と声を枯らした。

観衆が息を呑むようなパスを出すイニエスタは、ヴィッセルだけでなく日本のサッカー界に大きな影響を与えた。その華麗なプレイスタイルは「美しく勝つ」プロフェッショナルなフットボールの一端を日本に伝えた。だがイニエスタにとってもヴィッセルにとっても、そしてイニエスタ招聘を強行した三木谷にとっても、思うような結果が出た5年間ではなかった。

「強い者が勝つのではない。勝った者が強いのだ」。2022年のJリーグは、スポーツやビジネスの世界で使われるこの格言を地でいく展開だった。

楽天グループ傘下のヴィッセル神戸は2021年、J1リーグで3位になり、アジアチャンピオンズリーグ（ACL）への出場権を獲得した。JリーグとACLの二冠を目指す22年、ヴィッセルは日本代表ストライカーの大迫勇也と武藤嘉紀を獲得し、意気揚々とスタートを切った。

ところが開幕から15試合を経た時点で1勝5敗9分けの勝ち点8。最下位に沈んだままシーズン半ばに差し掛かり、「J2降格」が現実味を帯びてきた。海外メディアまでもが「イニエスタが日本の2部でプレーするのか?」と騒ぎ始める始末だ。

ヴィッセルのオーナー兼会長である三木谷は、本気でタイトルを取りに行くつもりだった。年俸20億円（2018〜2020年は同33億円）のイニエスタを筆頭に、イニエスタと同じFCバルセロナ出身のセルジ・サンペール、ボージャン・クルキッチ、さらには大迫、武藤、山口蛍、酒井高徳と日本代表クラスをずらりとピッチに並べた。

スター軍団の22年の年俸総額は39億9000万円。2位の名古屋グランパス（12億9000万円）の3倍を超えるダントツのトップだ。「Jリーグ版銀河系軍団」とまでいわれたが、フタを開けてみるとスター軍団は年俸総額4億5000万円のアビスパ福岡や6億4000万円の湘南ベルマーレに勝てない。サッカーは金さえかければ勝てるものではないことを奇しくも証明してしまった。5月14日にはサガン鳥栖を相手に初勝利を挙げて、最下位を脱したが21日には湘南に敗れ再び最下位に。サポーターの突き上げが日に日に厳しさを増す中、三木谷は自社のメッセージング・アプリ「バイバー」でこう呟いた。

「この結果に大きな責任を感じています。いつでも身を引き、辞めますよ」

「すわ会長交代か」と世間がざわついた2日後、三木谷は神戸市西区にあるヴィッセルのクラブハウスに選手、スタッフを集めた。

「中途半端に僕が関わっていることが正直マイナスなのかなと思っていたが、一期一会という言葉があります。ファンの方からいろいろな言葉をいただいて、もう一回一生懸命やろうと。このままやり続けるというのも格好悪いのだけれど、格好悪くてもいいと思い、戻ってくることにしました」

楽天創業の短いビデオを見せた後、再び喋り始めた三木谷は突然、言葉をとめ、胸に手を当てて涙ぐんだ。そして時折り、声を震わせながらこう続けた。

「このクラブはゼロからの出発で、いろんな人がいろんな思いでやっている。そのひとつが、僕がゼロから作った楽天グループという会社です。こんなすごい選手の前で僕が何か喋ることがあるのかな、とも思いますが。僕らにとってはこのクラブは家です。楽天は２００万人ぐらいの人がプラットフォームで働いていて、その人たちが20円、30円という売り上げの積み重ねで作ったお金で皆さんのスポンサーになって夢を持って応援している。どうか『次がある』ではなく『次の一戦にすべてを懸ける』という覚悟で。僕も、もう一回戻るというのは格好悪いんだけど戻ってくることにしました」

三木谷の話が終わるか終わらないかのタイミングで、感極まったようなスペイン語の大声が響いた。イニエスタかクルキッチか、故障離脱中のサンペールか、それともスペイン人スタッフか。ともかくプライドをかなぐり捨てたオーナーの姿はスペイン人の気持ちを奮い立たせた。

事態をこじらせる言わずもがなの一言

それでも結果がついてこない。三木谷の激励に応えようと選手は必死にプレーしていたが、5月16日のジュビロ磐田戦は0対0の引き分け。最下位を脱することはできなかった。

自分たちがどんなに頑張っても、相手がそれ以上のパフォーマンスをすれば敗れることがある。運、不運もある。勝負事である以上、連敗も、最下位も、降格も受け入れなければならない出来事だ。イニエスタがいかにスーパースターでも、38歳の選手1人にやられるほど今のJリーグのレベルは低くないのだ。

問題は、連敗が続いて批判の矛先が自分のほうに向いたとき、三木谷が不用意に「いつでも辞めますよ」とバイバーに書き込み、すぐにそれを撤回したことだ。

楽天モバイルでドコモ、au、ソフトバンクの新料金プランに煽られ「1ギガ未満はゼロ円」を打ち出したときも「コロナ禍で国民がたいへんだから」と、いい格好した後、「ゼロ円」を撤回し「ぶっちゃけゼロ円で使われても困る」と発言して大騒ぎになった。「辞任」発言にしろ「ゼロ円」発言にしろ、一度出したものを引っ込めるのはみっともない。

政治家や老練な経営者は、こういう場面でのらりくらりと玉虫色の発言を続ける。それが世間を相手にする商売の知恵である。三木谷も頭では分かっているのだろうが、言わずもがなの一言で、事態をこじらせる。

不用意な発言で事態をこじらせる経営者といえば、テスラのイーロン・マスクが有名だ。EV（電気自動車）の量産が計画通り進まず、資金繰りが懸念されていた2018年4月1日、ツイッターで「テスラが破産してしまった」と呟き、テスラ株を8％暴落させた。エイプリルフールの冗談のつもりだったらしい。

その後も投資家から経営状態への懸念を指摘され続けると、同年8月「テスラ株を非公開にする」と呟いた。これも「売り言葉に買い言葉」で非公開化の計画はなく、米証券等取引委員会（SEC）に2000万ドル（約26億円）の罰金を支払う羽目になった。2022年4月には「440億ドル（約5兆7000億円）でツイッターを買収する」とぶち上げて世界を震撼させたが、その後、前言を撤回した。と思いきや、結局、買収に踏み切り（2022年10月、買収額は440億ドル）、その後のツイッターの経営でも突然CEOを退任する、青い鳥のロゴマークを「X」に変更するなど、相変わらず世間を騒がせている。

マスクは自身がアスペルガー症候群であることを認めている。このタイプの人は、ひとつの物事に対するこだわりが異常なまでに強く、自分の行動が他人にどう思われるかを想像する能力に欠けている側面がある。思いついたら後先考えず、周囲の意見も聞かずに発言、行動してしまうのだ。

三木谷もマスクほど強烈ではないが、似た傾向がある。TBS騒動の後、父・良一が三木谷に「用意周到」など4つの言葉を贈ったのは、こうした三木谷の性分を知っていたからだろう。

倒産ヴィッセルを引き受けた三木谷親子の19年

それにしても「いつでも辞めます」は軽率だった。ヴィッセルの歴史を紐解けば、三木谷が簡単には辞められない立場にいることは最初から分かっていることだ。

ヴィッセルの前身は1993年に地元市民の有志で発足した「神戸にプロサッカーチームをつくる市民の会（オーレKOBE）」である。1992年のJリーグ発足で日本中がサッカー熱に浮かれていた頃だ。同時期に岡山県倉敷市に本拠を置いていた川崎製鉄サッカー部が神戸に移転することになり、神戸に本社がある総合スーパーのダイエーがメインスポンサーとなって1994年6月に「神戸オレンジサッカークラブ」ができた。その年の9月、クラブ名称が「ヴィッセル神戸」に決定した。

ところが翌年の1995年、資本金10億円のうち5億円を出資するダイエーが業績不振でJリーグから撤退してしまう。チームはスポンサー獲得に奔走し、なんとか経営を続けたが2003年12月、運営会社の株式会社ヴィッセル神戸は東京地方裁判所に民事再生法の適用を申請し、事実上、倒産した。

裁判所に再生計画を認めてもらうには、まとまった資金を提供するスポンサーが必要だ。しかし、年が明けてもダイエーに代わってヴィッセルを引き受けようという企業は一向に現れない。会社消滅の瀬戸際で神戸市が頼ったのが、楽天だった。楽天そのものは東京生まれ東京育ちの会社だが、創業者の三木谷が神戸出身。市はこの一点に賭けた。

２００４年といえば、楽天がプロ野球に参入した年であり、三木谷にすれば「それどころではない」というのが本音だっただろう。一方で、阪神淡路大震災は楽天創業のきっかけの一つであり三木谷には強烈な「神戸愛」がある。プロ野球参入のときも最初は神戸にフランチャイズを置こうとしたくらいだ。なにより決定的だったのは神戸でその生涯の大半を過ごした父、地元神戸大学の経済学者・三木谷良一の存在だ。

２００４年１月、三木谷は自らが会長を務めるチームの運営会社「クリムゾンフットボールクラブ」を設立。翌月、ヴィッセル神戸の営業権を譲り受けた。良一は設立時から運営会社の取締役に就任している。神戸市はチーム運営から撤退した。こうしてなんとかギリギリで存続したヴィッセルだが05年シーズンは成績が低迷し、Ｊ２降格の屈辱を味わう。

07年、Ｊ１に復帰したヴィッセルはその後５年間Ｊ１に留まるが、12年に再び降格。Ｊ１とＪ２を行ったり来たりで、けっして強豪とは言えないヴィッセルを良一は辛抱強く応援し続けた。

ヴィッセルが２度目に降格した12年は良一のがんが発覚した年でもある。

がんと戦う良一に「昇格」の吉報を届けようと選手たちは奮起した。だが昇格争いをしていたチームの敗戦でヴィッセルのＪ１昇格が決まったのは２０１３年11月10日。良一は一日前の９日に息を引き取った。その前の試合に勝って自力で昇格を決めておけば、間に合った。10日、神戸市内で執り行われた良一の通夜には、涙ぐみながら１日遅れの昇格を報告する選手たちの姿があった。

三木谷と良一はこんな風に19年間、ヴィッセルと苦楽をともにしてきた。結局、このシーズン、降格を免れたものの13位に終わった。仮に３度目の降格があったとしても、三木谷家とヴィッセルの縁はその程度のことで切れるものではない。「いつでも辞めます」はいかにも不用意な一言だった。

大リーグと〝不平等条約〟を結んでいた日本プロ野球

プロ野球の２０２２年シーズン開幕。パ・リーグで飛び出したのは、エースの田中将大が勝ち星を重ねた（５月末で４勝）東北楽天ゴールデンイーグルスと、福岡ソフトバンクホークスだった。ホークスは17年から20年まで日本シリーズで４連覇を果たした常勝軍団。イーグルスは前の年、田中が8年ぶりにMLB（米メジャーリーグ）のニューヨーク・ヤンキースから戻ったが、23試合に登板して4勝9敗と思うような成績をあげられず、チームもクライマックスシリーズのファースト・ステージで敗退した。

田中がマウンドに立つとスタンドは盛り上がる。ホームの楽天生命パーク宮城では勝っても負けても田中に大きな拍手が送られる。メジャーに行く前の2013年、24勝無敗という圧倒的な成績でリーグ優勝に貢献し、日本シリーズで読売ジャイアンツを敗って、東日本大震災で傷ついた東北の人々の夢だった「日本一」を叶えた田中の人気は今も健在だ。

田中の呼び戻しに成功した楽天野球団社長（当時）の立花陽三はこう言っている。

「21年シーズンの開幕当初、マー君グッズの売れ行きはすごかった。ケガによる出遅れと、コロナの入場制限がなければ、グッズの売り上げだけで年俸の6〜7割は回収できていたかもしれません」

田中の年俸は推定9億円。グッズ販売でその7割を回収するというのだから人気の凄まじさがわかる。巨人のエース・菅野智之の8億円を上回る日本球界最高の年俸で田中を迎え入れた楽天。9億円にゴーサインを出したのは三木谷だった。

三木谷と田中には数々のドラマがある。田中の活躍で楽天がリーグ優勝に向かって驀進《ばくしん》していた13年、狂喜乱舞するイーグルスファンの知らぬところで田中の代理人はヤンキースとの交渉を進めていた。田中本人が強く望んでいたことだが、三木谷はすぐには同意しなかった。

シーズン82勝の約3割にあたる24勝をあげた大エースを手放せば、連覇は難しくなる。だが三木谷が田中のメジャー行きを渋った理由は別のところにあった。三木谷はNPB（日本野球機構）とMLBの間の取り決めである「ポスティング制度」に異議を唱えていたのだ。この制度に従えば、ヤンキースが楽天に支払うポスティング・フィー（移籍金）は2000万ドル（約20億円）が上限になる。

「日本最高の選手の移籍金が20億円では、日本のプロ野球がMLBの下請けになってしまう」

三木谷が指摘したとおり、2013年に改定された新たなポスティング制度は、日本の優秀な選手を大リーグ（MLB）が買い叩く〝不平等条約〟に近いものだった。

「日米間選手の契約に関する協定（ポスティング制度）」が導入されたのは1998年。MLBの各球団が、NPB（日本野球機構）の日本人選手との独占交渉権を入札で獲得し、交渉が成立した場合、選手が所属する日本の球団にポスティング・フィーが支払われることになった。イチローや石井一久（現・楽天監督）、松坂大輔、ダルビッシュ有らはこの形式でメジャーに移籍した。

この制度における入札金額は上限なしの青天井だった。野茂英雄、イチロー、松井秀喜らの活躍で日本選手の価値が上がり、11年にテキサス・レンジャーズに移籍したダルビッシュの落札額は約5170万ドル（約40億円）まで高騰。慌てたMLBは12年、一方的に協定を破棄。13年に新たに合意された制度で、譲渡金の上限を2000万ドルにした。つまり田中の移籍金はダルビッシュの半額以下になった。三木谷はこう語る。

「日本の選手がメジャーに行くときだけ移籍金に上限があるというのは、明らかに不平等。日本球界が一生懸命育てた選手を安く買い叩かれたのでは、日本球界はやってられない」

結局、三木谷は田中の意思を尊重し、ヤンキース行きに同意したが、その後も不平等条約は続いている。前田健太、大谷翔平の移籍金にも上限が設けられた。選手が手にする年俸は上がっているが、日本の各球団はいっこうに潤わない。三木谷はこの理不尽さに怒ったのだ。

帰ってきた田中将大

移籍が決まった後、三木谷は田中に一つだけ頼み事をしている。

「これは契約でもなんでもないんだけど、できれば現役バリバリのうちに日本に戻ってきてほしい。日本のファンが待っているから」

田中も自分を育ててくれた東北のファンを忘れることはなかった。ヤンキース移籍後もオフで日本に戻ると、仙台の球場で自主トレに励んだ。そして２０２０年のシーズンオフ。

「希望はヤンキース残留だった……」

田中は楽天への復帰が決まった後の取材でこう漏らしているが、ヤンキースのフロントは「田中の年俸で2人の有力選手を獲得できる」と田中との契約更新をためらった。

「帰ってこないか」

田中の移籍が取り沙汰され始めた2月、渡米した立花が水を向けると、好感触があった。立花の報告を聞いて三木谷は、メジャーで輝かしい戦績を残した田中にふさわしい日本球界最高年俸の提示を決意する。

球団の熱意を意気に感じた田中はイーグルスへの復帰を決めた。だが田中にはもう一つの想いがあった。21年シーズンは震災から10年。毎年、被災地を訪れる田中の目から見ても復興はまだ道半ばだ。自分が戻れば東北の人たちの力になれるかもしれない。「田中は、そういうことを絶対に忘れない男ですよ」と立花は言う。

最後にもう一つ、楽天復帰の決め手となったのは東京五輪だった。コロナで1年延期されたことにより、このタイミングで日本球界に戻れば再び「侍ジャパン」の一員として戦える。準決勝で韓国、3位決定戦で米国に敗れメダルを逃した北京五輪（2008年）の悔しさを田中は忘れていなかった。迎えた2021年の東京五輪。田中は準々決勝の米国戦で4回途中3失点と打たれたが、日本は延長戦サヨナラでこのゲームを制し、その勢いのまま金メダルを獲得した。32歳の田中は「僕自身は（不本意な成績で）フラストレーションがたまったけど、優勝できたことは誇り」と語った。

23年シーズン、田中は6月中旬時点で11試合に登板して3勝4敗。チームもリーグ5位と振るわないが、不屈の男は「このままでは終われない」と思っているはずだ。

〝和製マネーボール〟で日本の野球を黒字化する

プロ野球を「ビジネス」と考える三木谷は、誤解を恐れず言えばソフトバンクホークスのような「常勝軍団」を目指していない。球団単体での黒字が大命題であり、常に経営のバランスを考えている。

2004年オフ、同じタイミングで産声を上げた「鷲（イーグルス）」と「鷹（ホークス）」の成り立ちを考えると、三木谷と孫の考え方の違いが見えてくる。

イーグルスの誕生は、経営難に陥った近鉄・バファローズの合併協議に端を発する。合併が実現するとパ・リーグが5チームになってしまうため1リーグ制の導入なども検討されたが、結局、オリックス・近鉄の合併球団オリックスバファローズ（以下オリックス）に新規球団をひとつ加えた6チームでパ・リーグを維持することになる。そして紆余曲折を経て楽天イーグルスが生まれ、戦力を振り分ける「分配ドラフト」が行われた。岩隈久志のようにオリックスの指名を拒否し、金銭トレードで楽天に入団した選手もいるが、主力選手のほとんどはオリックスに流れた。

この陣容では試合にならないので、楽天は山﨑武司、関川浩一、飯田哲也ら他球団を自由契約になった選手や無償トレードの対象になった選手をかき集める。まさに「寄せ集めチーム」であった。こんな「オンボロ球団」を作って三木谷はいったい、何がしたかったのか。

プロ野球参入を巡ってホリエモンこと堀江貴文や三木谷の名前が連日、メディアで取り沙汰されているころ、西麻布で飲んでいた一人の男の携帯が鳴った。

島田亨。新卒で入社したリクルートで後のUSEN社長となる宇野康秀と出会い、人材派遣のインテリジェンスを創業する。その後、ベンチャー投資家に転じた島田はこのとき、39歳。悠々自適の暮らしを楽しんでいた。電話をかけてきたのは三木谷だった。

「島田さん、球団の社長をやってくれませんか」

三木谷が作った新球団がオンボロであることは報道で知っていた。野球はまったくの素人である。なぜ自分なのか。島田は逡巡したが、一緒に飲んでいて会話の内容を察知した「オールアバウト」社長の江幡哲也《えばたてつや》が盛んに肘で島田を小突いた。江幡も元リク、つまりリクルート出身の起業家だ。オールアバウトは、リクルートと米ネット会社の合弁でスタートした総合情報サイトを運営している。

「球団の経営なんて滅多にできることじゃない。受けろ、受けろ」

島田の頭に新卒で入社したリクルートの社訓が浮かんだ。「自ら機会を創り出し、機会によって自らを変えよ」。リクルート創業者で「天才起業家」と称された江副浩正の言葉である。島田は、電話の向こうの三木谷にこう尋ねた。

「野球を知らない私に、いったい何をしろと」

三木谷は短く答えた。

「黒字にしてほしい」

三木谷が球団の事業本部長として島田の下につけたのが、33歳の小澤隆生《おざわたかお》。コンピュータシステム会社の「CSK」を経てネットのオークション・サイトで起業し、その会社を楽天に売って執行役員に収まった男だ。このコンビを見れば三木谷の意図がわかる。三木谷は伝統と既得権でがんじがらめになったプロ野球界で、新たな球団というベンチャー企業を立ち上げ、「儲かるビジネス」に育てようとしていたのだ。

このとき、三木谷が目指していたのは、複数年契約で年俸数十億円の選手がゴロゴロいるのに、リーグとしても高収益をあげているMLBだった。選手の年俸高騰に端を発した1994年から95年のストライキで938試合が中止となり、全米ナンバーワンを決めるワールドシリーズまで中止になったどん底の時代。醜い金銭闘争に長年の野球ファンも愛想を尽かし、MLBの市場規模は2000億円弱と日本のプロ野球と同レベルまで落ち込んだ。

ところが新しいルールで選手と球団が合意すると、MLBは凄まじい復活を遂げる。

ブラッド・ピット主演の映画「マネーボール」(原作はノンフィクション作家、マイケル・ルイスのベストセラー)で有名になったオークランド・アスレチックスのゼネラル・マネージャー、ビリー・ビーンは、データや統計学を使って選手を評価し戦略を立てる「セイバーメトリクス」を球団経営に導入し、2002年にはリーグ最低レベルの年俸総額で地区優勝を果たす。銀行員、弁護士といったやり手が各球団のGMに就任し、経営を競うようになるとMLBの市場規模はあっという間に1兆円を超えた。

「日本のプロ野球もきちんとした経営を持ち込めば儲かるビジネスにできる」

仮説を立て、それを実証するのが三木谷のやり方だ。三木谷は島田と小澤にMLBの経営を学ばせ、そこにベンチャー経営の流儀を持ち込もうとした。


プロ野球実行委員会とオーナー会議が新規参入球団をライブドアではなく楽天と決めたのが2004年11月2日。オープン戦が始まる05年3月までの4ヵ月で宮城県が所有する宮城球場をプロ野球開催に耐える仕様に改装しなければならない。雨や雪で工事は遅れがちだったが、島田は鹿島建設の東北支社長と膝詰めの談判で作業に関わる人の数を増やしてもらった。鹿島もゼネコンのプライドをかけて「工期は守る」と請け合い、「4ヵ月間、東北中の鹿島の現場が止まった」と言われた。

島田と小澤はしっかり稼ぐことも考えていた。バックネット裏スタンドの外周部分には球団のグッズショップを作り、売店も増設した。レプリカのユニフォームやメガホンなどの原価を細かく管理し、屋台のメニューにもこだわった。観客動員にはネットの力を存分に使い、いつしか仙台の球場はえんじ色のユニフォームを着たイーグルスファンで埋め尽くされるようになった。

だが勝負の世界は甘くない。最初のシーズンの2005年、イーグルスは38勝97敗1分という記録的な負けっぷりで最下位に沈んだ。シーズンの最終盤で三木谷は監督の田尾安志を解任。野村克也を後任に据えた。優勝したのは、千葉ロッテマリーンズ。チームを率いたのは、MLBのメッツ監督から、9年ぶりにロッテ監督に復帰したボビー・バレンタインだった。

金も出すが口も出す

一方、同じ2004年にプロ野球に参入した孫の球団経営は、三木谷と違い気風《きっぷ》がいい。孫はダイエー創業者の中内㓛が南海電鉄から買収して惜しみなく金を注ぎ込んだ福岡ダイエーホークスを総額200億円で買い取った。03年日本一、04年レギュラーシーズン1位（プレーオフで西武に敗れリーグ優勝は逃す）の常勝軍団をそっくりそのまま手に入れたのだ。

バティスタ、松中信彦、城島健司のクリーンアップに、投手は杉内俊哉、和田毅、斉藤和巳、新垣渚の4本柱。監督は就任11年目の王貞治、二軍監督に秋山幸二という盤石の体制である。楽天球団社長の島田が、弱小少年野球チームの奮闘を描いた映画になぞらえて「がんばれ！　ベアーズ」と呼んだオンボロ球団のイーグルスとは大違いだ。

孫のホークスに対する要求はただ一つ。「勝て」である。

ベンチャー企業のソフトバンクを親会社とするホークスもまたイーグルスと同様、独立採算制を取っているが、選手の年俸総額は12球団で1、2を争う水準だ。球団経営を任されているのは、ソフトバンクグループCFO（最高財務責任者）の後藤芳光。本社の大番頭が球団経営に目を光らせている。

チームが勝てばファンが喜び、結果として収入も増える。これが孫の考え方だ。15年にリーグ優勝を決めたとき、ゴーグルをかけてビールかけに加わった孫は興奮しながらこう語っている。

「優勝。これはもう経営なんて関係なしに嬉しいね。もう心の底からバンザーイだ」

口は出さずに金は出す。選手やフロントにとって孫は理想的なオーナーと言える。

三木谷は金も出すが口も出す。13年のある日、筆者は、都内を移動する三木谷の車に同乗した。いわゆる「箱乗り」取材だ。取材が一段落すると三木谷はスマホを取り出し、イーグルスの試合の中継を見始めた。しばらくすると動画を止め、誰かに電話をし始めた。

「嶋（基宏、現・ヤクルト）はミットを動かしすぎだよ。あれじゃピッチャーが投げにくい。メジャーのキャッチャーはあんな構え方しないぞ。どんと構えて動くなって、言っといてくれ」

電話の相手が誰だったかは確認できなかったが、おそらくベンチ裏の誰かにかけたのだろう。思いついたら言わずにはいられないのが三木谷だ。しかも三木谷には「興味を持ったことをとことん勉強する」という厄介なクセがある。言っていることは最先端の理論に基づいているので、ヘタに反論するとコテンパンにされる。三木谷はプロ野球に参入すると、ほどなくＭＬＢのコミッショナーと仲良くなり、有力チームの関係者から最新の戦術やトレーニング法を仕入れてくるようになった。

三木谷と孫のスタイルの違いは監督交代の頻度に如実に現れている。プロ野球に参入した２００４年から21年まで、ホークスの監督は王貞治、秋山幸二、工藤公康ときて現在の藤本博史まで４人。一方のイーグルスは田尾安志から始まって現在の石井一久まで９人に及ぶ。監督がコロコロ変わるのは三木谷の介入が激しいからだ。

興味を持ったことに執着し、とことん極める。こうした三木谷の姿勢はビジネスでも変わらない。ネットで面白いサービスがあると聞けば、まずは自分がそのサービスを使い倒し、誰よりも詳しくなってから指示を出す。新規参入した携帯電話事業でも先端技術に疑問があれば楽天モバイルCTO（最高技術責任者、当時）のタレック・アミンを捕まえて得心するまで根掘り葉掘り聞きまくる。人任せにせず、自分の手で触り、自分の頭で考え、一歩ずつ進んでいくのが三木谷のやり方だ。

楽天グループの祖業であるネット通販（EC）は、三木谷自身が全国を歩き回り、出店者を探すところから始まった。社員は全部で6人。97年5月にサービスを開始したが、最初の月の流通総額は32万円。このうち18万円は三木谷自身が買っていた。そのサービスが今や国内EC流通総額5兆6301億円（2022年実績）のビッグ・ビジネスに育った。福岡の小さな信販会社を買収したところから始めた楽天カードも、今では発行枚数日本一だ。

「楽天がトヨタ、ソニー並みのブランドになれたらいい」

グーグル、アップル、フェイスブック、アマゾン、マイクロソフト、そして、中国の百度《バイドゥ》、アリババ、テンセント、ファーウェイ……米中の巨大IT企業と本気で肩を並べようと思っている三木谷は、世界企業となるための布石を打っている。

前述したとおり、２０１６年には世界屈指の人気を誇るスペインの「ＦＣバルセロナ（バルサ）」と5年間のパートナーシップ契約を結んだ。翌17年には米プロバスケットボールＮＢＡの王者、「ゴールデンステート・ウォリアーズ」と3年間で66億円のジャージスポンサーシップ契約を結んだ。

あるブックメーカーのデータによると世界でファンの多いスポーツは1位がサッカー（35億人）、2位クリケット（25億人）、3位バスケットボール（22億人）、4位フィールドホッケー（20億人）、5位テニス（10億人）で、野球（5億人）は8位。

楽天は２００９年からテニスではＡＴＰツアーの「楽天・ジャパン・オープン」のスポンサーになった（22年で終了）。歴代優勝者にはナダル、ジョコビッチ、錦織圭らが名を連ねる。２０１９年にはテニス版のＷ杯「デビス・カップ」のパートナーにもなった。

つまり楽天は、世界で人気のあるスポーツのうち1位（バルサとヴィッセル神戸）と3位と5位と8位（東北楽天ゴールデンイーグルス）のスポンサーになり、世界の何十億人という人々に「Ｒａｋｕｔｅｎ」ブランドを浸透させようとしているのだ。

楽天は２０１９年から全米で最高の視聴率を誇るアメリカンフットボールのナンバーワン決定戦「スーパーボール」でもテレビＣＭを流している。その狙いについて米経済誌フォーブスのインタビューで三木谷はこう語っている。

「そういうものを通じてブランディングを行い、楽天がトヨタ、ソニー並みのブランドになれたらいい」

三木谷にとって野球やサッカーは「金持ちのお遊び」ではなく、世界市場を睨んだ経営そのものなのである。

イニエスタとの約束

世界に「Ｒａｋｕｔｅｎ」の名を知らしめる。そのために楽天グループに加わったのが、グローバル・マーケティング&スポーツパートナーシップ統括部のディレクター、ラフール・カダバコルである。楽天のグローバル・マーケティングの拠点はシンガポールにあり、カダバコルはここから「Ｒａｋｕｔｅｎ」ブランドを世界に広めようとしている。

インドの広告代理店でキャリアをスタートさせたカダバコルは博報堂のインド法人でしばらく働いたのちイギリスに渡り、ロンドンの大手広告代理店で11年間働いた。楽天から求人のオファーがあったのは２０１６年。ロンドンの広告業界でもＦＣバルセロナの新たなスポンサーが話題になっていたので「Ｒａｋｕｔｅｎ」の名前は知っていたが、何をしている会社かは知らなかった。三木谷は直接、カダバコルに会ってこう言った。

「楽天は日本では有名な会社だが、海外ではまだあまり知られていない。グローバルなブランディングをやってほしい」

カダバコルは三木谷の言葉に身震いした。

「ミッキーは取引先や社員をエンパワー（活気づける）するイノベーティブなビジネスモデルを持っていて、世界ブランドになるんだという明確な意思を備えている。こんな経営者の誘いに乗らない手はない」

カダバコルが最初にやったのはブランドの統一だ。海外では2012年に買収したカナダの電子書籍「Ｋｏｂｏ」、同年に買収したスペインの動画配信「Ｗｕａｋｉ ＴＶ」、14年に900億円で買収したイスラエルのメッセージング・アプリ「Ｖｉｂｅｒ」などがそれぞれのブランドで事業を展開していた。これらを「Ｒａｋｕｔｅｎ Ｋｏｂｏ」「Ｒａｋｕｔｅｎ ＴＶ」「Ｒａｋｕｔｅｎ Ｖｉｂｅｒ」に置き換えた。バルサのスポンサーになる前なら、ブランド統一にはかなりのコストと時間がかかっただろう。だがメッシの胸に刻まれた「Ｒａｋｕｔｅｎ」の文字が世界の人々の目に触れた効果は大きかった。カダバコルは言う。

「バルサはＲａｋｕｔｅｎのブランドをパワフルにした。最も大きな効果は、それまでのように世界のあちこちで楽天がどういう会社であるかをいちいち説明しなくてもよくなったことだ」

元バルサのスーパースター、アンドレス・イニエスタをヴィッセル神戸に呼んだ効果も大きい、とカダバコルは言う。

「ヴィッセル神戸の戦力としての価値だけではなく、日本サッカーの質的な向上にもつながるし、子供たちに夢を与える。われわれは彼の肖像権を獲得し、楽天のブランド・アンバサダーとしても活躍してもらっている」

たとえば楽天は、イニエスタのオリジナル映像コンテンツ「イニエスタTV」をリニューアルオープンした。「Rakuten Sports」上で新たなチャンネルも追加されている。5分の番組である「イニエスタTV」は、試合の様子だけでなく、日本が大好きになったイニエスタが板前に習って寿司を握る映像などが世界に配信される。

「Rakutenだけじゃなく、日本のイメージアップにもつながっていると思う。何せイニエスタは世界中で愛されている選手だからね」

効果は上がっている。Rakutenのブランド認知度は欧州で87%、ウォリアーズ効果が出た米国でも65%に達している。

イニエスタは日本に来た理由を公には「欧州のチームに移籍して古巣のバルサと戦うのが嫌だったから」と説明している。しかし筆者は来日直後の本人へのインタビューでもうひとつの理由を教えられた。

「欧州以外からも多くのオファーがあったと思うけど、その中でヴィッセル神戸を選んだのはなぜですか」

筆者が尋ねるとイニエスタは静かにこう答えた。

「僕が神戸に来たのはヴィッセルを勝たせるためだけじゃない。ミッキー（三木谷）とひとつのプロジェクトを実行するために来たんだ」

「プロジェクト？」

「日本のサッカー界のためになることだよ」

イニエスタは神戸で小学生を対象にしたサッカー教室を始めた。バルサの育成組織「カンテラ」で叩き込まれたサッカーの基礎をアレンジした「イニエスタ・メソッド」を子供たちに教えた。

バルサのときと同じ背番号8を背負ったヴィッセルでは、ボールを奪われない技術と圧倒的に広い視野から生まれる美しいパスで、日本のサッカーファンを魅了した。ボールを持たないときのポジショニング、局面を打開する細かいパス回し、相手ディフェンダーの裏に抜け出すタイミングなど、W杯、ヨーロッパ・チャンピオンズリーグなどを制してきた栄光の経験は、ヴィッセルの若手に惜しみなく伝えられた。

日本サッカーに革命を起こす。

三木谷とのその約束を果たす前にイニエスタは日本を去った。だが23年シーズンには下部組織でイニエスタ・メソッドを学んだ20歳前後の若手が何人かトップチームに昇格した。

ビジネスの世界では一足早くイニエスタ・バルサ効果が表れている。「楽天シンフォニー」が米欧の巨大通信会社に相次いで完全仮想化の技術を売り込めた背景には「ああ、バルサのスポンサーのＲａｋｕｔｅｎね」という安心感がある。楽天が海外では無名のＩＴベンチャーのままだったら、AT&T、シスコ、ノキアといった老舗企業を、あれほど早く味方につけることはできなかっただろう。

スポーツに巨額投資をしたことのもうひとつの見返りが人材採用である。かつて見向きもされなかったインド工科大学の学生を２０２１年には１００人以上採用できたことはすでに書いたが、ＮＢＡウォリアーズのパートナーになってからはＩＴ人材採用の激戦区であるシリコンバレーでも、優秀なエンジニアが採用できるようになってきた。カダバコルは言う。

「スポーツはブランドにエモーショナル（感情的）な価値を加えます。２０１９年に買収した台湾のプロ野球チーム『楽天モンキーズ』のおかげで台湾では楽天のブランド・ロイヤルティが高く、楽天市場、楽天カード、楽天トラベル、楽天銀行が大いに利用されている」

かつて「パ・リーグのお荷物」と言われたイーグルスが長い時間をかけて、毎年、優勝争いに加わる強豪チームに育ってきたように、携帯電話事業でも楽天モバイルはすでに４００万人超の利用者を獲得し、じわりじわりと3メガに迫っている。

ヴィッセル神戸は23年シーズン、折り返しを過ぎた21節（全34節）の段階で首位に立つ。イニエスタが蒔《ま》いた「美しく勝つ」サッカーの種は、日本の土壌でゆっくり芽吹こうとしている。

海賊の仲間たち——⑧

黒坂三重

KUROSAKA MIE

ハードシングス
——つらい別れの時

ネット産業の黎明期を駆け抜けた女

2021年2月25日、楽天の元女性執行役員が55歳の若さで永眠した。

黒坂三重《くろさかみえ》。

2019年に楽天を辞め、1年8ヵ月がんと闘った。

「また助けられなかった……」

訃報を聞いた三木谷は拳を握りしめた。黒坂が患っていたのは三木谷の父、良一と同じすい臓がん。三木谷は父を救うため新たながんの治療法である「光免疫療法」の開発と事業化に乗り出したが、良一は臨床試験が始まる前に他界した。その後、臨床試験に漕ぎ着けたのは頭頸部がんのみで、黒坂を救うことはできなかった。

三木谷は良一のときに開拓したがん治療の人脈をフルに活用して黒坂を救おうとした。最後は、光免疫療法の開発を進める「楽天メディカル」が共同研究をしている「国立がん研究センター東病院」(千葉県・柏市柏の葉)の副院長で先端医療科長の土井俊彦《どいとしひこ》を頼った。だが世界最高水準の技術を持つ同センターをもってしても、黒坂を救う術はなかった。

「1日でも早く、1人でも多く救いたい」

がんの話になると三木谷はよくそう言う。だが人の命に関わる医療のイノベーションは、失敗と成功を高速回転で繰り返しながら突き進むネットの世界とは勝手がちがう。三木谷が楽天メディカルの仕事に割く時間は、楽天モバイルの次に多い。大切な人をがんで失うたびに、「がんに克つ」という三木谷の想いは強くなる。

黒坂は日本のネット産業の黎明期を駆け抜けた女傑である。2002年、自分が経営していた会社を楽天に売却し、創業5年目の楽天の幹部になった。03年には楽天初の女性執行役員に就任している。

創業メンバーではないが、ざっくばらんな人柄の黒坂は、ネット通販の楽天市場に出店した店舗の経営者たちからは「クロミエ」、店舗や楽天の若い社員には「姐さん」と呼ばれ慕われた。

福島県福島市で生まれ育ち、地元の短大の英文学科に進んだ。男勝りでやんちゃだが小悪魔的な魅力があり、短大一年のときには福島特産の桃をPRする「ミスピーチ」にも選ばれた。

男性と同じ仕事がしたいと思って就活をしたが、どの会社でも「結婚したらどうせ辞めるんでしょ」と言われて悔し涙を流した。結局、アルバイトをしていた地元のラジオ局に就職した。配属は総務部で、新聞の切り抜き、ゴム印やノベルティの管理、お茶汲みが主な仕事だった。

「あまりに暇だから、新しいボールペンのインクがどのくらいでなくなるのか、ひたすら何時間もグルグルと丸を描き続けた……」

ネットメディア（PRESIDENT WOMAN　2015年3月28日）のインタビューでこう語っている。

職場の上司は「君のお婿さんは僕が探す」と言っていたが、お茶汲みでは収まらない黒坂は入社1年目から転職を考え始めた。英文科で米国に短期留学した経験もある黒坂は英語に自信があった。父親が日産のセールスマンでクルマが好きだった。そんなこんなで選んだのが、イギリス高級車の日本法人「ジャガー・ジャパン」（現・ジャガー・ランドローバー・ジャパン）。最初の仕事はショールーム・レディだった。

福島訛りを直すのに苦労したが、クルマのドアをどう開けて、シートにどう座ればミニスカートから伸びた足が美しく見えるか。そんなことまで研究した。すぐに「やり手のショールーム・レディがいる」と評判がたち、他の輸入車ディーラーから「ウチの娘たちにも教えてやってくれ」と講習の依頼がきた。

「営業をやりたい」と何度も上司に直訴したが、当時のクルマ業界に「セールス・ウーマン」の前例はなく、認めてもらえない。やがてショールーム・レディの仕事も外注に回すことになり、代わりに任されたのがジャガーグッズの企画だった。本国のイギリスで製作したジャガーのロゴの入ったゴルフバッグやタオルを日本に輸入していたが、関税が高いので日本で同じものをデザインし発注した。

黒坂はこの仕事を気に入っていたが、会社の都合でこの仕事も西武百貨店の関連会社に移管される。

6人のベビーシッターを雇って

黒坂は再び転職を考え始める。

ジャガーのショールーム・レディとして担当したお客は、みな相当なお金持ちである。しかも「人と同じベンツやBMWではいやだ」という、個性的な人が多い。その中の一人にIT企業の社長がいた。黒坂はこの社長に気に入られ、1992年、彼が経営する「アルダス」という会社の日本法人に転職した。

米国に本拠を置くアルダスは、パソコンで印刷物をデザインするDTP（デスクトップ・パブリッシング）ソフトの会社だった。黒坂は家電量販店に通って店員に製品を売り込み、週末は店舗に出て来店客にソフトの機能や使い方を説明した。

黒坂が仕事に慣れてきたころ、アルダスはライバルの「アドビシステムズ」に買収されてしまう。今度はウェブ上で文字や音声や動画を編集するオーサリングツールを手がける米「マクロメディア」の日本法人立ち上げに携わるが、この会社もアドビに買収されてしまう。

次に黒坂のもとに舞い込んだ仕事のオファーには面白い条件がついていた。

「1億円を集めることができたら、日本法人の経営を任せてもいい」

電子メールでクリスマスカードなどのグリーティングカードをやり取りするサービスを提供する「ワイノット」という会社からの誘いだった。フラッシュ・アニメーションで雪だるまが動いたり、金魚すくいゲームができたりという、遊び心のあるカードを送ることができる。日本でも人気を博し、のちに「クリスマスシーズンになるとワイノットのせいで日本のデータ通信量が爆上がりする」とまで言われた。

黒坂はジャガー、アルダス、マクロメディアで培った人脈をフル活用し、みごと1億円をかき集め、日本法人のナンバーツーに納まった。

ワイノットに入った黒坂が目をつけたのは、個人ではなく日本企業が取引先に送る膨大な数の挨拶状だ。日本企業は盆暮れの暑中見舞いや年賀状、クリスマスカードなど大量の郵便物を送っていたが、その手間と経費が馬鹿にならない。

「ワイノットのグリーティングカードなら手間も郵便代もかからないですよ」

黒坂は持ち前の営業力で、名だたる日本企業から「カード何通まで月額いくら」の料金固定制で契約を勝ち取った。今でいうサブスクリプション型ビジネスである。気がつけばワイノットの本社がある米国より、日本法人の売り上げのほうが大きくなっていた。好業績で調子に乗った日本法人の初代社長は毎晩、六本木で豪遊してクビになり、黒坂が社長になった。

２００１年にネットバブルがはじけると、ワイノット本社の経営は厳しくなる。日本法人は株式の上場目前まで漕ぎ着けていたが、バブル崩壊で上場審査が厳しくなり、手が届かなかった。

米ＩＴ企業で３つの日本法人の立ち上げに携わった黒坂は業界でちょっとした有名人になっており、当時、新進気鋭の起業家として頭角を表していた三木谷とも面識があった。三木谷がワイノットのビジネスに興味を持っているのも知っていた。２００２年のある日、黒坂は三木谷に持ちかけた。

「ウチの会社、買ってくれません？」

三木谷は興銀出身らしく、厳しい資産査定をした後、ワイノット日本法人の買収を決めた。資産査定が山場を迎えた２００２年9月、７歳年下のワイノットの部下と付き合っていた黒坂は臨月の大きなお腹を抱えて仕事を続けた。資産査定が終わってすぐ、10月１日に長女を産んだ。

楽天に買収されたと言っても、子会社になっただけで株式会社としてのワイノットは存続している。社長不在では会社が回らないので、黒坂は３週間で職場に復帰した。ところがネットバブル崩壊で顧客企業の多くが経費削減に動いたこともあり、楽天に買収された最初の月にワイノットは営業赤字に転落する。

出産から戻ったばかりの黒坂に三木谷は言った。

「赤字の会社を買ったつもりはない。初めて黒字会社を買収したと自慢していたのにどうするんだ」

カチンときた黒坂は6人のベビーシッターを雇って万全の育児体制を敷き、営業の前線に戻る。6人のベビーシッターに払う費用が月60万円。黒坂の年収、600万円を超える出費だったが「自分の時間を買うためにつぎ込んだ」とブログに書いている。

「昔、みんなここに集まったんだよね」

野球の名コーチはノックのとき、選手の力量に合わせ、届くか届かないかギリギリのところにボールを飛ばすという。照れ屋でぶっきらぼうなので誤解されがちだが、元一橋大学テニス部主将の三木谷のキャプテンシーもこれに似ている。

前述の楽天モバイル社長、矢澤俊介（第2章）もそうだが、「これは」と見込んだ役員や社員には「届くか、届かないか」の課題を与え、そこに挑ませる。ボールに届かなくても飛びつく姿勢を見せている限り、三木谷はその人間を見捨てない。

自分が経営していた会社を売って楽天に入ってきた黒坂は「よそ者」だった。おまけに楽天で初の女性幹部（創業期には三木谷の妻、晴子がいたが）である。少しでも甘やかせば、他のメンバーは「エコひいき」と見る。この場面では、楽天の創業メンバーに、黒坂のことを「あいつ、なかなかやるな」と思わせる必要があった。女性登用について三木谷に聞くと「ウチはあくまで実力主義」という答えが返ってきた。

黒坂は3年ほどワイノットの経営を任され、その後、ワイノットは楽天に吸収される。黒坂は楽天市場のキッズ・ベビー用品部門の部長や、楽天市場のウェブページの責任者になり、創業メンバーの小林正忠、杉原章郎《すぎはらあきお》らに一目置かれるようになった。

ジャガーのショールムーム・レディに始まり、ずっと「女だからってバカにされてたまるか」と気を張ってきた黒坂のビジネス人生だったが、何でも言い合える仲間ができたことで、黒坂は故郷の福島で過ごした青春時代に戻ったような多幸感に包まれる。だが、それはベンチャーの創業期に訪れる「束の間の幸せな時間」だった。

三木谷は毎年1月、仕事始めの日に創業の地、東京・愛宕山にある愛宕神社に役員幹部を引き連れて初詣に行く。２０１２年1月のその日は、正月らしいよく晴れた日だった。

祈願が終わり長い石段を降りる間、三木谷にぶら下がって取材をした筆者は、その後、黒坂と二人で神社からほど近いラーメン屋「よかろう」に立ち寄った。お昼というにはまだ早い時間で、店内はガラガラだった。ラーメンを啜りながら黒坂が言った。

「昔はさあ、市場（楽天市場のこと）のみんなでここに来たんだよね。最近、そういうのもなくなっちゃってさ」

三木谷が「社内公用語の英語化」を決めた2010年頃から、経営陣の入れ替えが加速していた。

黒坂だけではない。ほぼ新卒で楽天の立ち上げに加わった小林、杉原は、慶應大学・湘南藤沢キャンパス出身者ならではの尖った学生の勢いのまま、楽天市場を拡大してきた。そんな彼らを統率してきたのが三木谷だ。だが「英語化」を宣言した時点で、三木谷の視点は「国内」から「グローバル」、「EC専業」から「プラットフォーマー」に移った。数十人の国内ベンチャーが立ち上がるときと、1万人の大企業が世界市場を目指すときとでは、求められる人材のスペックが違う。三木谷はより経験値の高い人材を近くに置くようになった。

東大法学部卒で興銀の2年先輩、三木谷と同じくハーバード大でMBAを取得し、ゴールドマン・サックス証券を経て2000年に楽天入りした山田善久。2003年、金融事業を始めるためオリックスから移籍してきた穂坂雅之。三木谷のハーバード大MBAの同級生で2006年にトヨタ自動車から移った武田和徳。武田の誘いで次の年に入ったトヨタ出身の百野研太郎。中央官庁と渡り合い、世界で戦ってきた重厚な人材が三木谷の周りを固め始めた。

愛宕山や祐天寺の狭いオフィスで深夜、寝袋にくるまってパソコンを叩き、月曜日の朝イチから日本中走り回って楽天市場に出店してくれる店舗を探す。みんなが顔を揃えるのは土曜の夕方。その週の報告と次の週の方針が決まると、みんなで「よかろう」に繰り出して、どんぶりに顔を突っ込む。そんな幸せな時間はとうに終わっていた。

（もうこの会社に自分の居場所はないんじゃないだろうか）

愛宕のラーメン屋で、懐かしそうに昔話をする黒坂の言葉の端々から、そんな気持ちが透けて見えた。ハードシングス……順調に急成長してきたベンチャー企業宿命の、つらい「別れの時」が迫っていた。

「うちの娘はね、三木谷さんの右腕なんだよ！」

「ああ、この人は辞めるかもしれないな」

筆者がそう思っていた矢先、三木谷は実に三木谷らしい人事をしてみせた。この年の6月、黒坂をCSR（企業の社会的責任）担当役員に任命したのだ。

大学まで福島で過ごした黒坂には被災地への強い思いがある。三木谷は2011年3月11日に発生した東日本大震災の直後に、社長室に「War Room（作戦室）」を作り、刻々と変化する被災地からの情報を壁いっぱいに張り出して、被災した取引先の支援を続けた。東北楽天ゴールデンイーグルスの監督だった星野仙一と一緒にイーグルスのジャンパーを着て現地に入り、選手と一緒に被災者を励ました。

「こういうときに何ができるかで企業の価値が決まる」

そう考える三木谷にとって復興支援は最重要事項だった。

「お前がやれ」

三木谷は福島出身の黒坂に、その重責を負わせた。

黒坂は意気に感じた。車両に絵本や児童書など約1200冊のほか「楽天Ｋｏｂｏ」の電子書籍やタブレットを積み込んだ「楽天いどうとしょかん」を作り、放射線被害のため外で遊べない福島の子供たちのもとを回った。これが定着すると地域を広げ、岐阜県、島根県、群馬県でも「いどうとしょかん」の運行を開始した。

復興支援と並行し、黒坂はＣＳＲ担当役員として活動の幅を広げていく。おもに商業高校に通う高校生を対象に電子商取引の授業を行う「楽天ＩＴ学校」を立ち上げた。筆者は、楽天市場で成功した店舗の経営者が講師を務める授業を、愛知県下の商業高校で取材したことがある。担当の教師がこう言った。

「はっきり言ってウチの生徒たちは商業高校に来た時点で、自分たちを負け組だと思っていて、いまさら頑張ってもいいことはないと思っているので、授業に身がはいりません。でも楽天市場で成功した地元の経営者が『俺は高卒だけど、ウチの会社は月商1億円』と話すと、がぜん目の色が変わります」

「地方の名店をネットの力で〝銀座4丁目〟に引っ張り出す」

これが楽天を立ち上げたときの三木谷のコンセプトである。ネットの時代には東京も地方も、大卒も高卒も関係ない。起業家精神と弛《たゆ》まぬ努力があれば、どこにいても成功は手に入る。その理念を理解する黒坂ならではの試みだ。

三木谷にとってCSRは日本の大企業によくある「お題目」ではなく、グローバルに事業を展開する上で世界の投資家や取引先、顧客に認めてもらうための重要な戦略だ。その先頭に立った黒坂は、生き生きとしていた。

「うちの娘はね、楽天の三木谷さんの右腕なんだよ！」

福島に住む母親は近所の人に嬉しそうにそう話した。

大企業の執行役員になった黒坂は、その昔、ワイノットを経営していたときに背負った薄氷を踏むような資金繰りの苦労とは無縁になった。そんなある日、三木谷は本社の廊下ですれ違った黒坂にこう言った。

「ラクしてない、最近?」

これも三木谷のキャプテンシーである。

「もう俺たちはいらないってことだろ」

楽天を立ち上げてからの三木谷の背中をいちばん長い間見てきたのが創業メンバーの小林正忠と杉原章郎。この二人にもハードシングス——しんどい季節がやってきていた。

二人とも慶應大学総合政策学部（通称、湘南藤沢キャンパス＝ＳＦＣ）の出身で日本のインターネットの先駆けである村井《むらい》純《じゅん》や相磯《あいそ》秀夫《ひでお》の薫陶を受けた。ＳＦＣの先輩、本城慎之介が卒業前の就職活動で三木谷を訪ね、そこで、

「銀行や商社といった大企業が日本を変え、社会を作っていく時代はもう終わったよ。これからは個人や中小企業が既成事実を積み重ねて新しい社会を作り、日本を変えていくんだ。それが日本を元気にするんだ」

と熱弁を振るう三木谷に感化され、翌日から三木谷と行動をともにするようになった。その本

城に誘われる形で小林と杉原が加わった。

創業間もないころ、小林は三木谷にこう聞かれた。

「セイチュー（正忠）さあ、ベーシスポイントって知ってる？」

「なんすか、それ」

ベーシスポイントとは1％の100分の1。0・01％のことだ。たとえば金利の最小単位として使われる。

「うちの経営は、38％なんて大雑把な単位じゃなく、38・49％だからな」

「うへえ」

元銀行員の三木谷らしい発想だ。今も三木谷の頭の中では、楽天グループが展開する70に及ぶ事業・サービスがベーシスポイントで管理されている。

卒業した後、小林は大日本印刷、杉原は自分が興した会社で2年ほど働いたが、実質、新卒で楽天に入ったようなものであり、ビジネスのイロハは興銀で7年の実務経験を持つ三木谷に教えられた。

小林と杉原は必死で三木谷から学んだ。三木谷が考える事業を形にするため、それこそ寝る間も惜しんで働いた。しかし二人にとっての不幸は、自分たちのボスが加速度的かつ持続的に成長を続ける「化け物」だったことだ。小林が言う。

「朝からがんの臨床研究をやっている医師と、がん細胞特有のタンパク質（ペプチド）の組成について議論をして、昼には総務省の役人と通信規制についてやり合い、夜はイーグルスの試合を観て『あの選手のスイングは右脇が甘い』と指示を出す。サッカーはもっとすごくて、ヴィッセル神戸の試合を観た翌日、現場にA4一枚にびっしりのレポートがチームに届いた。『後半43分の右サイドバックのポジション』について、すごく正しい指摘がされていたそうです」

当然、この間、本業のインターネット・サービスやフィンテックは、ベーシスポイントでがっちり押さえている。

「毎日、上がってくる日報を見て『先月、この数字はこうじゃなかったよな』と現場に電話を入れる。現場が理由を説明するとやっと『ああ、そうか』と納得するんです」

楽天市場の立ち上げで三木谷の手足となって走り回った小林、杉原、黒坂は楽天が大好きで仕事に誠実で能力も高いが、三木谷のような化け物ではない。

「俺たちって情けないよな」

三人で飲みに行くといつも最後はそういう話になる。

社内公用語を英語にすると決めた2010年、TOEIC300点の小林と、英語なしで受験できたからSFCを選んだ杉原は、三木谷の決断をこう受け止めた。

「もう俺たちはいらないってことだろ」

だがそれは勘違いだった。三木谷が個人で所有する水上温泉のホテルで開く毎年恒例の常務合宿。参加メンバーは全員日本人なのに、会議はすべて英語。三木谷はニコニコしながら小林や杉原に延々と英語で話しかけてくる。最初は嫌がらせかと思ったが、やがて小林は三木谷の本心を理解する。

「お前が本気にならなかったら、(日常業務で英語が必要ない)楽天市場の連中は本気にならないじゃないか、って。『俺はセイチューを諦めない』。つまり『何がなんでも英語化をやり抜く』というメッセージだったんです」

小林と杉原は逃げ続けてきた英語に立ち向かった。三木谷は杉原を英語化推進の担当役員に据え、小林を楽天USAの代表にした。

「俺もやってるんだからさあ。みんなも頑張ってくれよ」

杉原が英語はさっぱりであることを知る楽天の社員は、泣き落としに負けてeラーニングで英語学習に励んだ。同じく英語ができなかった小林がシリコンバレーで七転八倒するさまを見て、社員に「ああ、自分たちはグローバル企業になるんだな」という覚悟が生まれた。

小林は振り返る。

「三木谷が英語化を宣言したとき、たぶん、日経新聞の記事だったと思うけど、大手自動車メーカーの社長さんに『愚策』と言われた。逆に『うちもやろう』と英語化に取り組んだ会社もありましたが、数年でやめてしまいました。諦めずにやり切る。それが三木谷の真骨頂です」

「日本の携帯電話はウェルビーングじゃない」

英語化が進むに連れ、楽天本社で働く外国人社員が少しずつ増えていった。イスラム圏からやってくる社員もいて、総務担当の杉原は本社の一角にメッカの方角を向いた礼拝室を作り、社員食堂にハラルメニューを加えた。50を超える国と地域から成る多国籍エンジニア集団で完成させた完全仮想化のモバイル・ネットワークはその延長線上にある。

小林はアメリカで2年半、シンガポールで3年3ヵ月働き、楽天のグローバル化の旗振り役になった。しかし国内外で楽天グループに入ってくる優秀な若手と接するうちに、再びこんな気持ちが頭をもたげ始めた。

「創業メンバーというだけで力不足の自分がこの会社にいるのは、ピカピカの若手人材に対して失礼ではないだろうか」

いつやめようか。やめて何をしようか。そんなことばかり考えていたある日、小林は最年長役員の穂坂に呼び止められた。

「あなたは自分の立場が分かっていますか。創業メンバーのあなたが辞めたら、世間は面白おかしく言うでしょう。辛い思いをするのは楽天の社員であり、店舗さんです。その社員や店舗さんの多くは『セイチューさんと働きたい』と思っている。彼らのことを、あなたは真剣に考えたことがありますか」

そんなやり取りがあった少し後の2017年8月、小林は電話で三木谷に呼び出された。

「セイチューさあ、CPOって知ってる？」

「なんすか、それ」

このころ、ライドシェア最大手「Uber（ウーバー）」の創業者トラビス・カラニックがパワハラ、セクハラで批判の的になっていた。楽天はUberのライバル、「Lyft（リフト）」に出資している。心配した三木谷がリフトの創業者ローガン・グリーンに「あなたのところは大丈夫か」と聞いたところ、グリーンは「うちはちゃんとCPOを置いているから大丈夫」と答えたという。

CPOとは「チーフ・ピープル・オフィサー＝Chief People Officer」の略。企業の価値、倫理、ミッションといった文化を形成し、従業員の満足度を最大化する責任者だ。人材の獲得競争が激しい米国のIT業界やファッション業界で導入が始まっていた。

三木谷、小林ら6人で始まった楽天グループは、今や3万2000人の大所帯になった。毎年800人を超える新入社員や、Viber（バイバー）、Kobo（コボ）、会員制キャッシュバック・サービスのEbates（イーベイツ）など買収した海外企業の社員に、楽天の企業文化を伝えるのは重要な仕事であり、創業メンバーにしかできない仕事だ。

小林は17年9月にコーポレート・カルチャー部を立ち上げCPOの仕事を始めた。母校の慶應大学に「小林正忠教育奨励奨学金」を設立するなど、社会との関わりに関心の強い小林はコーポレート・カルチャー部にサステナビリティ部を加え、さらに社員の心身の健康を考えるウェルネス部を加えた。ウェルネス部の立ち上げに当たって予防医学研究者の石川善樹に相談した。

「組織、社会、個人の幸せを考える部署にしたい」と小林が言うと、石川が言った。「セイチューさん、それってwell-being（ウェルビーング）ですよ!」

WHO（世界保健機構）はウェルビーングを「肉体的にも、精神的にも、社会的にも、すべてが満たされた状態」と定義している。小林は自らの肩書を「Chief Well-being Officer」CWOに改めた。小林は言う。

「ウェルビーングを『良い状態』と考えれば、1997年に創業したときからずっと、楽天というのはウェルビーングの会社だったんですよ。当時は大都市が良くて地方はダメ。大企業が素晴らしくて中小・ベンチャーはダメだった。これはウェルビーングじゃない。僕らはネットの力で地方の中小企業を元気にしたいと思って、この会社をスタートさせた。三木谷の目には、大手3社が3兆円もの利益を上げ、利用者が高い料金を払わされている日本の携帯電話市場も、ウェルビーングではないと映っているはず。それをいい状態にしたいから無謀にも携帯電話事業に参入したんですよ」

恩返し

もうひとりの創業メンバー、杉原章郎はその円満な性格を三木谷に買われ、長く人事担当の役員をしてきた。

「ぐるなびの滝さんから、社長を出してくれと言われている。適任者を探してくれ」

2018年の春、三木谷にそう言われた。交通広告代理店のエヌケービー（NKB）を経営していた滝久雄《たきひさお》が「ぐるなび」を立ち上げたのは1996年。グルメサイトの草分けとして人気を集めたが、2005年にカカクコム・グループが立ち上げた「食べログ」などに押され、経営が厳しくなっていた。

滝は経営テコ入れのため自分が保有するぐるなび株の一部（約10％）を楽天に売る形で資本業務提携に踏み切った。資金面での信用補完だけでなく、楽天経済圏と結びつけばポイントの統合など、ぐるなびにはさまざまなメリットがある。楽天にとっても有力グルメサイトとの連携は会員の利便性引き上げにつながる。当初から取締役1名を楽天から送ることになっていたが、滝のほうから「社長を出してくれ」と言ってきた。

杉原は副社長の百野研太郎とぐるなびの社長候補を探したが、みな帯に短し襷に長しでなかなか適任者が決まらない。そうこうしているうちに、２０１９年のゴールデンウイークが明け、木曜日の夜、三木谷から電話があった。

「明日の朝、時間ある？」

「大丈夫ですよ」

いつもなら杉原や小林に対しては「今すぐこい」で、前日に予定を聞いてくるのは珍しい。杉原は「なんだろう？」と不思議に感じた。金曜日の朝、杉原が姿を現すと三木谷は開口一番、こう言った。

「ぐるなびの社長の件なんだけどさ。杉原が行ってくれない」

「え、俺ですか？」

「うん、いろいろ考えたんだけど、やっぱり杉原に頼みたい」

「いや、社長なんてやったことないですよ」

「それはこの20年で伝えてきたつもりだけど？」

「まあ、それはそうですけど……」

ぐるなびに送り込まれる社長は、楽天の創業メンバーの杉原でなくてはならなかった。人選の背景には、楽天モバイルの重要な戦略があった。

ぐるなび創業者の滝久雄の父親、滝冨士太郎は日本の交通広告の〝ドン〟だった。鉄道を敷き、その沿線で宅地、スーパー、百貨店、劇場、映画館などを開発していく私鉄経営モデルを築き上げた阪急東宝グループ（現・阪急阪神東宝グループ）の創業者、小林一三《こばやしいちぞう》や東京急行電鉄（現・東急グループ）の実質的な創業者、五島慶太《ごとうけいた》と親交が深かった。

　はじめは鉄道雑誌などを手掛けていたが、１９４８年に交通文化事業という会社を立ち上げ、東京の地下鉄の出入り口にタイアップ広告を出し始めた。自らが設立した公益財団が寄付した木製ベンチに看板を取り付けるなど、毎日、大勢の人々が利用する鉄道空間を広告媒体にして一時代を築いた。

　息子の久雄は東京工業大学を卒業し、「三菱金属鉱業」（現・三菱マテリアル）に勤めていたが、１９７５年に交通事故で急逝した冨士太郎の跡を受け、交通文化事業の経営陣に入った。父親からアイデアマンの血を受け継いだ久雄は、日本のインターネットの初期段階である１９９６年に飲食店検索サイトの「ぐるなび」を開設し、２０００年に株式会社化した。

　ぐるなびのほか、囲碁対局サイトの「パンダネット」、結婚式場検索サイトの「JOYJOY WEDDING」などネット事業に次々と投資した起業家気質の久雄は、三木谷の影の支援者であり、楽天モバイルが自前のネットワークを立ち上げるときにも一肌脱いだ。父親の代から付き合いがある鉄道各社に掛け合い、トンネルや駅構内に楽天モバイルのアンテナを立てるスペースを提供させたのである。杉原が言う。

「後で知ったんだけど、地下鉄の中でちゃんと楽天モバイルがつながるようになったのは、滝さんの力に負うところが大きかったんです。三木谷さんは滝さんに足を向けて寝られません」

自分の経営をいちばん長く見てきた創業メンバーの杉原を社長に送った三木谷に誠意を感じた滝は、その後も楽天モバイルの力強い味方になってくれた。

「実は俺の親父も久雄っていうの。字も同じで、歳も同じ。だからまるで自分の父親と仕事をしているみたいな気分なんだよ。それを言ったら会長も『こうなる運命だったんだ』と喜んでくれてさ」

杉原がぐるなびに行って半年、日本の飲食業はコロナ禍でかつてない苦境に陥った。それでも杉原は前向きだ。

「ライバルのグルメサイトもみんな足が止まったからね。システムを見直したり、UX（利用者の使い勝手）を改善したりして差を詰めるチャンスだよね」

2022年4月14日、楽天グループは新装なった「ザ・オークラ・東京」の大宴会場に1500人を招き、創業25周年を祝うパーティーを開いた。

「1997年に楽天市場を立ち上げた最初の月の流通総額は32万円。そのうち18万円は自分で買っていた」というお得意のエピソードで始まった三木谷の挨拶の後、マイクを握ったのは外務大臣の林芳正。そこに首相の岸田文雄が駆けつけ、その後は元首相の安倍晋三、前首相の菅義偉のビデオメッセージが流れた。会場には元首相の細川護熙の姿もあり、政財官の要人が一堂に介した感がある。

永田町、霞ヶ関、丸の内から集まったスーツ姿の人たちに埋め尽くされた大宴会場の後方に、少し毛色の違う集団がいた。楽天市場の草創期から出店している古株店舗の経営者たちだ。それぞれが目一杯、おしゃれをしているがタキシードやスーツではない。

パーティーの中締めで舞台に上がった小林は彼らのほうを見ながらこう話した。

「25年前、まったく無名で何の信用もない僕らを信じて、インターネットのショッピングモールに出店してくれた店舗さん達がいました。すべてはそこから始まりました」

今や楽天は国内ＥＣだけで流通総額５兆６０００億円の規模を誇り、現役を含め歴代３人の首相がパーティーに祝辞を寄せる会社になった。携帯電話の完全仮想化を成功させた三木谷のもとには各国政府から「話を聞かせてほしい」とオファーが舞い込む。

だが小林が言うように、すべては25年前、６人の若者の無謀な挑戦から始まった。そこに黒坂や山田といった準創業メンバーが加わり、「ネットの力で地方の名店を〝銀座４丁目〟に」という三木谷の夢に乗った全国の出店店舗とともに、楽天は成長の階段を駆け上がってきた。

２０２１年６月９日、小林の誕生日に、ある楽天ＯＢがフェイスブックに、お祝いのメッセージとともに一枚の写真をアップした。誰かの結婚式か何かのパーティーでタキシードを着た小林のスキンヘッドに、ばっちり和装した黒坂がレモンの輪切りを乗せている。小林はフェイスブックにこうコメントした。

「涙が出てきちゃうだろうが……」

黒坂が存命だったら、25周年のパーティーでも小林の頭にレモンを乗せていたに違いない。

海賊の仲間たち―― 9

蘇上育と新入社員たち

SU SHANG-YU

だから
台湾の天才は
海賊船に乗った

すい臓がん

２０２２年２月４日、楽天本社の会場に設置されたモニターは山口県にある新しいアンテナを映し出していた。壇上で三木谷がパソコンのキーボードをタップすると、現地の社員が手に持ったスマホの画面を覗き込んだ。

「On air, Yes!（電波がつながりました）」

司会役の社員が叫ぶと、「人口カバー率96％到達」のセレモニー会場に集まった楽天モバイルの関係者は、一様に「ほうっ」と安堵のため息を漏らした。

サービスを開始した２０２０年春のカバー率は23・４％。会場には96％までの現場の苦闘をまとめたビデオが流れた。

沖縄・那覇のメインストリートで、最も観光客が集まる「国際通り」では、地区の建築規制に行く手を阻まれた。最後は楽天トラベルが取引先のホテルに頼み込んでアンテナ設置場所を見つけてくれた。冬の会津では楽天トラベルの社員が地元の建設会社と一緒に除雪作業から始めてアンテナのポールを建てた。半導体不足で基地局の資材が届かなくなったときには「運に見放された」と天を仰いだ。それでも当初の計画だった「2026年に96％」の計画を4年も前倒しにした。

「もう泣きそう。いや、まだ（泣いたら）ダメだね」

最後に挨拶した三木谷の目は真っ赤だった。

楽天モバイルの完全仮想化ネットワークは世界でまだ誰も実用化したことのない技術だ。理論的には可能でも、実験で成功しても利用者が何百万人の単位になったときに予期せぬ事故が起きない保証はない。一度でも大きな障害を起こせば、何千億円の設備投資と携帯電話参入の夢が露と散る。

「全部、完全仮想化でいく」

三木谷がそう決めてからここまで、気の抜けない日々が続いた。

だがカバー率96％、利用者450万人超に達したこの段階で完全仮想化ネットワークは何の問題もなく動いていた。

「ここまでくれば……」。その思いが張り詰めた三木谷の気持ちを一瞬、緩ませた。だが、3メガとの戦いはまだ終わっていない。だから「まだダメだ」と戒めた。

携帯ネットワークの完全仮想化に取り組んでいたのと同じころ、三木谷はもう一つの大勝負に挑んでいた。新たながん治療法の確立である。楽天メディカルが取り組む「アルミノックス治療法」は、がん細胞に集積する特殊な薬剤を投与し、そこに光を当ててがん細胞を破壊する「第5の治療法」だ。

医療ビジネスには大きな可能性がある。ただし、命に関わる仕事ゆえ、責任の重さは計り知れない。だが、三木谷は「やる」と決めた。

〝先端医療研究の総本山〟で孤軍奮闘していた男

2012年11月、三木谷の父、良一のすい臓にがんが見つかった。

すい臓がんは「沈黙のがん」と呼ばれるほど早期発見がむずかしく、難治性のがんとして知られる。良一のがんもすでに末期まで進行しており、医者には「手の施しようがない」と言われた。

三木谷はすい臓がんに関わる世界中の学術論文を読み漁り、プライベート・ジェットを駆って海外の研究者や医者に会いに行った。名医がいると聞けばアメリカの病院にも良一を連れて行き、診察を受けさせた。

良一を救うため世界中を駆けずり回る三木谷の姿を見かねて、楽天の創業期から楽天市場に出店している神戸のワッフル・ケーキ店「R.L（エール・エル）」を経営する新保哲也が、連絡してきた。

「ウチのいとこが、アメリカで最先端のがん治療法を研究しているんやけど、一度、会うてみませんか」

無名の楽天市場をともに育てた初期の出店者たちと三木谷は、いわゆる戦友のような関係にある。「新保さんの紹介なら」と三木谷は、直ぐにアメリカに飛びその研究者に会った。〝米先端医療研究の総本山〟アメリカ国立衛生研究所（ＮＩＨ　National Institutes of Health）の主任研究員の小林久隆《こばやしひさたか》である。

切除しない。抗がん剤も放射線も使わない。小林が米国で進めていたがん治療法は奇想天外なものだった。

点滴で患者に投与する抗がん剤はがん細胞を叩くと同時に全身の正常な細胞も攻撃する。このため最終的には「がんがなくなるか、体力が尽きるか」の勝負になり、がん細胞が叩けても患者は強い副作用に苦しむことがある。近年、同じ抗がん剤でもがん細胞をよりピンポイントで攻撃する分子標的薬が開発された。それでも副作用に苦しみ、がんとの闘いに負けて命を落とす患者を看取ってきた臨床医の小林は、患者を苦しめる恐れのある抗がん剤の使用に疑問を持ち、新しい治療法を研究するために渡米した。

小林が研究していたのは、がん細胞に選択的に結合し、光を当てると細胞膜を破ってがん細胞を壊死させる薬剤（タンパク質の一種に光に反応する物質を加えたもの）を使うまったく新しい治療法だ。その手法はあまりにも医学の常識と離れていたため、小林はなかなか支援者を得られずＮＩＨの中で孤軍奮闘を強いられていた。小林と三木谷が出会ったのはそのころだ。

小林が初めて三木谷に会い、自らの研究内容を説明したときの様子は、タレック・アミンが携帯ネットワークの完全仮想化構想を三木谷に話したときとよく似ている。

小林の研究は、ありとあらゆるがん治療法が研究されているＮＩＨですら異端扱いを受けていた。日本の医学会や医療関係企業は見向きもしない。そんな前衛的な研究を、医学の素人であるＩＴ企業の社長に話しても分かるわけがない。小林はそう思っていた。

だが食い入るように小林の話を聞いていた三木谷は、次から次へと専門的な質問をし始めた。それは小林が「医学の研究者でもないのに、なぜそんなことを知っているのか」というレベルだった。

良一のすい臓がんが発覚してから、世界トップクラスの研究者に会い、あらゆるがん治療法を学んできた三木谷は、小林の話を自分なりに理解し、こう考えた。

「話の筋道は通っている」

完全仮想化のときと同じである。自分の中で腹落ちした瞬間、三木谷の中から「失敗したらどうしよう」という恐れは消える。頭で理解し、行けると思ったら、あとは「実行あるのみ」だ。

三木谷はすぐに個人としての支援を申し出た。その後、小林の研究はＮＩＨから医薬ベンチャーの「アスピリアン・セラピューティクス」にライセンスされ、実用化に向けた研究が始まると、三木谷は同社に個人で167億円を投資した。

三木谷の出資でアスピリアン・セラピューティクスの開発は加速した。臨床試験まで漕ぎつければ、良一を被験者にすることができる。だが84歳を迎えた良一の体はその日までもたなかった。2013年11月9日、良一は三木谷ら家族に看取られてこの世を去った。

三木谷一家の問題児

神戸で良一の葬儀が執り行われた11月11日、どうしても東京で記者会見を開かねばならなかった三木谷は、神戸と東京を飛行機で往復した。移動のクルマの中でたまたま筆者と二人きりになった。トヨタの高級ミニバン、アルファードの二列目右側。三木谷は何本か電話し、メールを送り終わると、革のシートに身を埋めてポツリと言った。

「本当にすげー親父だったんだよ」

「大事な相談相手でしたもんね」

「ああ、本当にいろいろ、相談したよ。とくに今みたいに困ったときはね」

先にも触れたように、このとき、楽天はプロ野球日本一の記念セールで複数の店舗が「二重価格」をつけ、利用者から厳しい批判を受けていた。

「今日の記者会見も、見守ってくれてましたよ。会場は殺気だっていたのに、三木谷さんが入ってきたら急に鎮まりました」

「そうね。親父のおかげかもね」

三木谷家は徳川家康の股肱の臣であった本多忠勝ゆかりの家柄で、起業家の浩史を育てた良一は、寡黙なサムライのような人物だった。

良一の父親は神戸の六甲で製綿工場を経営していたが、良一が3歳のときに結核で亡くなった。母親はたばこ屋を営んで良一を育てた。良一は勉強のできる子だったが、中学、高校は太平洋戦争と重なり、勉強どころではない。川崎重工業に動員されて潜水艦の製造に携わった。

戦後はアメリカ兵や宣教師から英語を学び、東京の大学を目指したが母親に反対されて、家から通える神戸大学予科に進み、国際金融論を専攻する。卒業後は実業界を目指すつもりだったが、就活の時期に結核を患い、大学の助手になる。

学者としての成功は経済的な成功には直結しない。三木谷が物心ついたとき、一家は大学の運動場の隅に建つ二階建ての職員住宅で暮らしていた。幼い三木谷は家に遊びにくる父のゼミの学生たちにキャッチボールの相手をしてもらった。良一の記憶によると、この頃の給料は銀行員の同級生の半分くらいだったという。

それでも経済学者としての才能を開花させた良一は日本の俊英が選ばれるフルブライト留学制度に合格してハーバード大学に留学。当時のハーバード大は経済学の勃興期であり、のちにノーベル経済学賞を受賞するような教授陣の謦咳《けいがい》に接した。

1973年、良一はイエール大学の研究員になり、小学2年生の浩史を含む家族5人で渡米した。三木谷が最初に教えられた英語は「Boy's Room（男子トイレ）」だったが、幼い三木谷はすぐ順応し2年間を楽しく過ごした。「親父の古いフォルクスワーゲンでドライブに連れて行ってもらうのが楽しみだった」と語っている。親子の対話は一風変わっていた。

「なあ浩史、空はなんで青いと思う」

「知らん」

「わからん」

「人生とはなんぞや」

「ゼロとはなんぞや」

「なんやろ」

まるで禅の公案（禅問答）のようだ。良一は、東洋思想にも詳しかった。

親や先生の言うことをよく聞き、成績優秀だった姉や兄とは対照的に幼い頃の浩史は問題児だった。小学校では授業に退屈すると教室の中を歩き回り、先生にチョークを投げつけられた。あまりに態度が悪いので廊下に立たされることもしばしば。そのたびに同じ学校に通っていた姉は「浩史をなんとかして。私が恥ずかしい」と両親に訴えた。

だが良一はそんな浩史を矯正しようとしなかった。兄も通った全寮制の中学・高校が三木谷に合わない、と判断すると地元の公立中学に転校させ、テニスに夢中になる三木谷を黙って見守った。

浩史の小学校、中学校の成績は5段階評価でほとんどの科目が2か3という有様で、中学のときにはパチンコ、麻雀、競馬に入れ上げる「悪ガキ」だったが、そんなことは気にも止めず禅問答を通じて「本質を考えろ」と教え続けた。

金融学者の良一にとって、問題児の浩史が、一橋大学商学部を卒業して、当時、日本を代表する金融機関だった日本興業銀行（興銀）の行員になったのは喜ばしいことだっただろう。だが三木谷が「興銀を辞めて起業する」と言ったときも、良一は反対しなかった。

楽天は2005年に東京放送（TBS）の株を19・94％取得し、共同持ち株会社化を迫った。TBSは買収防衛策を導入するなど徹底抗戦を続け、三木谷は2008年に事実上の買収を断念した。このとき、良一は三木谷に「大義名分」「品性高潔」「用意周到」「信念不抜」と書いた色紙を贈った。三木谷はそこに「一致団結」を加え、この5つを楽天が事業を通じて実現しようとしている価値観、すなわちブランド・コンセプトとした。

「浩史のことを、よろしくお願いします」

筆者が良一と直接話したのは２０１３年9月5日、良一と三木谷の共著『競争力』の出版記念パーティーが催された東京ホテルオークラでのことである。すでに良一のがんはかなり進行しており、三木谷は最先端の治療を受けさせるため良一を神戸から東京に呼び寄せた。

三木谷が大学に進学してから神戸と東京に離れ、楽天を創業してからは神戸に帰る機会も滅多になくなっていたが、良一が東京に来たことでゆっくり話す時間ができた。とはいえ、そこは日本を代表する経済学者と企業経営者である。話は自ずと経済のことになる。金融論から経営論まで縦横無尽に語り尽くした親子の会話を「せっかくだから」と本にしたのが『競争力』だ。

紺のブレザーに燕脂とオレンジのストライプタイを結んだ良一は車椅子で入場したが、スピーチのときにはすっくと立ち上がった。ときどき姿勢がぐらつくので、１メートルほど後方に三木谷が寄り添った。この親子の関係を覗かせるシーンだった。

スピーチを終え、車椅子に戻ったところで挨拶に行くと、良一は真っ直ぐこちらを見つめた。

「今、三木谷さんの本を書いています」

「そうですか。それはお世話になっとります。浩史のことを、よろしくお願いします」

そこにいたのは金融論の泰斗というより、息子の行く末を案じる1人の父親だった。良一が息を引き取ったのは、それから2ヵ月後のことである。


古くはパナソニックの創業者・松下幸之助や、ホンダの本田宗一郎。近年なら孫正義。われわれ日本人が好む経営者の成功物語は、貧乏の底から這いあがり、理不尽な差別などを乗り越え、心のうちに秘めたコンプレックスをバネに成功を摑む立志伝だ。

三木谷浩史は、そのような文脈とは無縁の、知的エリート階層に属する学者家族の生まれである。アメリカの成功者で言えば、移民の里子だったスティーブ・ジョブズより、弁護士を父に持つビル・ゲイツに近い。

筆者は三木谷にこう尋ねたことがある。

「三木谷さんには、コンプレックスをバネにするみたいなことはないのですか」

三木谷は「考えたこともない」という怪訝な顔をした。

「グーグルやアマゾンの創業者の原動力がコンプレックスだと思う？　目の前にやりたいことがあって、夢中でそれをやっているだけだろ。コンプレックスで頑張るというのは、かなり昔の話じゃないかな」

浪花節が好きな日本人にはあまり好かれないタイプかもしれないが、将棋の藤井聡太やメジャーの大谷翔平からも、どろどろとしたルサンチマンやコンプレックスは感じ取れない。根性や悲壮感ではなく「高みを目指したい」一心で軽々と常識を超えていく。三木谷は、そんな新世代・起業家の日本における先駆けかもしれない。

最大の理解者をがんで失った三木谷はリベンジを誓う。

「親父には間に合わなかったが、この治療法で世界中のがん患者を救ってみせる」

第5の治療法

2015年12月、マッキンゼー・アンド・カンパニーのパートナー（経営に共同参加し責任を負う役職）だった虎石貴《とらいしたかし》は、戦略提案のため会いに行った三木谷に「うちに来ないか」と誘われた。

虎石は東京大学工学部で原子力工学を専攻。工学系研究科を修了した後、助手として大学院に残り博士号を取得した。その後、日本原子力研究開発機構（ＪＡＥＡ）に入り、原子燃料化学工学部門の研究員になった。スウェーデン王立工科大学で原子力化学を学んだこともある日本の原子力研究の第一人者だ。

だが日本の〝原子力ムラ〟で御用学者になることに疑問を感じた虎石は２００５年、マッキンゼー・アンド・カンパニーのコンサルタントに転身し、同社のパートナーになった。マッキンゼーで10年を迎えるころ、客に知恵を貸すだけでは飽き足らず、自らの手で事業をやりたくなっていた。優秀なコンサルによくあることだ。ちょうどそのころ「新規事業開発をやってほしい」と言ってきたのが三木谷だった。

２０１６年4月、虎石は新サービス開発の担当役員として楽天に入社した。3週間後、社内にいた虎石を三木谷が呼び止めた。

「虎石さん、これちょっと見てみて」と自分のノートパソコンを差し出した。

「なんですか、これ」

「うちでやってるがん治療のプロジェクト」

前の年にアメリカで臨床試験が始まったタイミングである。

（へえ、この会社、そんなこともやってるのか）

三木谷はアスピリアン関連の資料一式を虎石に渡した。

次の日、虎石が会社に行くと社長室の南條香織が探していた。

「トラさん、社長がランチしようって」

虎石が顔を出すと、三木谷が尋ねた。

「あれどうだった？」

アスピリアン・セラピューティクスのことだ。

「ああ、面白かったです」

「分かるの？」

「こういうことですよね」

虎石は手元の紙にアルミノックス治療の動作原理を書き始めた。

「そう言えば、コンサルの前は科学者だったっけ？」

「一応」

その場で三木谷はスマホを取り出し、「バイバー」でメッセージを送った。三木谷はその画面を虎石に見せた。送り先はｉＰＳ細胞でノーベル賞を受賞した京都大学教授の山中伸弥。そこにはこう書いてあった。

「光免疫（当時はアルミノックス治療をこう呼んでいた）の楽天側の担当者が決まりました！」

三木谷はアルミノックス治療の実用化に向け、親しい山中にいつも何くれとなく相談していた。

２０１９年、楽天が企業として１億ドル（約１０７億円）をアスピリアン・セラピューティクスに追加出資した。プロジェクトは楽天主導で進むことになった。三木谷は、事業のトップにどんな人物を据えたらよいか、山中にアドバイスを仰いでいた。やがて社名も「楽天メディカル」となり、虎石はこの会社の社長になった。

2021年8月25日、楽天メディカルジャパン（現・楽天メディカル）がオンラインで事業説明会を開いた。

がん細胞だけに集積し光に反応する薬品「アキャルックス」と、そこに光を当てるための医療機器レーザ装置「バイオ・ブレード（Baio Balde）・レーザシステム」は2020年9月、世界に先駆け日本で「切除不能な局所進行又は局所再発の頭頸部癌」を効能・効果として、厚生労働省より製造販売承認を取得した。

頭頸部がんを対象にしたアルミノックス治療を提供する施設は21年8月下旬の段階で38施設。専門的な教育を受け、この治療を実施できる治療医は97名に達していた。食道がんや胃がんでも初期の治験が2019年に始まっている。アキャルックスは米国食品医薬品局（FDA）からもファスト・トラック（必要性の高い新薬で優先的に審査を受ける）の指定を受けており、22年4月には頭頸部がんの患者が多いとされるインドに現地法人を設立し臨床試験の準備を開始した。

事業説明会の記者会見で筆者は三木谷にこう尋ねた。

「楽天グループがメディカル事業に乗り出したきっかけは、お父様のすい臓がんでした。アルミノックス治療ですい臓がんを治せる日は来るのでしょうか」

三木谷は答えた。

「その日が近いとも、簡単だとも思っていませんが、個人的にはそこがひとつのゴールだと思っています。私の野望であり大きな目標です」

楽天メディカルの話になると三木谷はよく「親父の仇を取る」と言う。三木谷が言う「仇」はすべてのがんであり、「仇を取る」とは「がん撲滅」を意味する。途方もない野望だ。

これまで、がん治療は、「手術（切除）」「化学療法＝抗がん剤」「放射線」の3つの治療法だけだったが、今世紀になって、新たな治療法が生まれる。そのひとつが2018年のノーベル医学生理学賞を受賞した本庶佑の研究をもとに開発された新薬「オプジーボ」（成分名はニボルマブ）だ。がん細胞が産生する免疫細胞の働きを抑制するタンパク質をブロックし、がん細胞と戦う免疫細胞を活性化させる免疫療法の一種である。ちなみに、新型コロナウイルスで実用化されたｍＲＮＡワクチンも、2006年にがんの治療法として開発されていた技術を応用したものだ。これら免疫療法は、がんの4番目の治療法となった。

アルミノックス治療は、免疫療法に続く「第5の治療法」と位置付けられるもので、研究成果が発表された当時の米大統領オバマが、2012年の一般教書演説でＮＩＨの成果としてこの研究報告に言及し、絶賛した。

三木谷は「がん撲滅」をライフワークと考えている。成し遂げられずに死んだら、あの世で良一に合わせる顔がない、と思っているのだろう。諦めの悪さは天下一品だ。

台湾から「世界選抜」のエンジニアとともに

2023年2月に楽天技術研究所（Rakuten Institute of Technology）の一員となった蘇上育（スー・シャンユウ）はその名のとおり、一言、言葉を交わしただけで、大切に育てられたことがわかる柔和な若者である。

台湾における高等教育の最高峰、国立台湾大学でコンピュータ科学の博士号（Ph.D）を取ったスーは、OpenAIが開発した「ChatGPT」の登場で脚光を浴びた生成AI（人工知能）の専門家だ。

プログラミングからAI、機械学習、大規模言語処理に至るまであらゆる科目で優秀な成績を収めたスーは、2020年に「Google PhD Fellowship（奨学金）」、21年には「フォックスコン・テクノロジー・アワード」を獲得した。

エンジニアとして大学入学時点ですでに「即戦力」だったスーは、大学2年の夏からいわゆるアメリカのテック・ジャイアントでインターンシップを始めた。

最初は米ワシントン州レッドモンドにあるマイクロソフトの本社で4ヵ月。次の年にはカリフォルニア州サニーバレーのアマゾン・ドット・コムで5ヵ月。その次の年はシアトルにあるアマゾンの本社で5ヵ月。20年10月から21年1月まではグーグルの研究所で多言語型生成AIの開発に携わった。

そのまま研究者として大学に残る道もあったが、スーは自分の開発したAIが社会に役立つことを望み、就職を決断する。馴染みの深いアマゾンやグーグルからもオファーがあった。「世界選抜」のエンジニアと一緒に働いたテック・ジャイアントでの2年弱は、スーにとって刺激的な時間だったが、台湾生まれ台湾育ちのスーにとって、そこは働く場所であり、暮らす場所ではなかった。

「ライフスタイル、つまり生活の安定感を考えたとき、やっぱりアジアで働きたいと思いました」

しかし研究者としての仕事では世界のトップと渡り合いたい。グーグルやアマゾンと同等の研究ができるアジア企業と考えると、選択肢は多くなかった。台湾には世界最大の半導体メーカーTSMCやパソコン大手のASUS（エイスース）があるが、どれもハードメーカーでスーの特性を生かせる会社ではない。

「AI×アジア」で絞り込んだ時、最後に残ったのが楽天グループだった。

スーは言う。

「ECの楽天市場は台湾でも人気で、みんな使っています。プロ野球の『楽天モンキーズ』もありますから、楽天の知名度は高い。サイエンティストの立場で言うと、EC、フィンテックなど70を超えるサービスで膨大なデータを扱っているのが何よりの魅力です」

会社のサイズ感もちょうど良かった。

「インターンで働いていたグーグルの研究所には世界中から集まった6000人のサイエンティストがいました。あの規模だと、自分のやりたいことができるかどうか分からない。200人の楽天技術研究所はちょうどいい」

東大生就職先3年連続第1位

スーが変わり者なのではない。インド、台湾、中国、フィリピン……。楽天技術研究所に所属する200人の研究者の6割はスーと同じ外国籍だ。研究所は、東京、シンガポール、ボストン、サンマテオ、ベンガルール、パリを含む6つの拠点に分散している。なかでも完全仮想化技術の開発拠点となったベンガルールがあるインドでは、世界最高レベルとされるインド工科大学の卒業生を毎年100人単位で採用している。スーが続ける。

「モバイルへの挑戦はリスクがあるのでちょっと心配ですが、膨大な数のユーザーの生活に直接関われるようになるという意味では、ものすごいチャンスです。楽天はＡＩ企業としても成功する可能性があると思います」

三木谷が泣いて喜びそうなコメントだが、世界の若い世代はスーと同じ目で楽天を見ている。日本も例外ではない。

「東京大学新聞」がまとめた東大の２０２２年度卒業者就職上位一覧では楽天グループが17人。16人の三菱ＵＦＪ銀行とアクセンチュアを抑え3年連続で首位に立った。ランキングは以下、三井住友銀行、三菱商事、ＰｗＣコンサルティング、野村総合研究所、マッキンゼー・アンド・カンパニー、博報堂、三井物産と続く。

保守的な学生は金融・商社、革新的な学生は外資コンサルという傾向が読み取れるが、楽天はその上をいく。大学院修了者のランキングでも楽天は、アクセンチュア、日本ＩＢＭに続く3位につけている。

「三木谷は嫌い」

「楽天は危ない」

そう騒いでいるのはダイヤル式の黒電話を知っていて、ＡＴＭで紙幣を下ろす日本のおじさん、おばさんであり、インターネットをおもちゃ代わりに育ちＡＩと暮らしていく若者たちは、完全仮想化技術で彼らの〝生命線〟である携帯電話の料金を大幅に下げた楽天を高く評価している。

23年4月3日、二子玉川の楽天本社に東大卒の46人（学部卒17人、院卒29人）を含む約900人の新入社員が集められた。三木谷は英語でこう語りかけた。

「楽天モバイルの挑戦を馬鹿げたプロジェクトと言う人もいるが、耳を貸す必要はない。過去ではなく未来に賭けよう。AIに仕事を奪われることを心配するんじゃなく、AIで世の中を元気にしよう」

そしてこう締め括った。

「君たちは楽天という会社に入ったんじゃない。世界を変えるプロジェクトに加わったんだ」

「welcome aboard（乗船ありがとう）」

新人たちは海賊船の仲間になった。

エピローグ

EPILOG

名参謀の死

秘史

その日の東京はどんよりした曇り空だった。2023年4月10日、品川区にある桐ケ谷《きりがや》斎場でひとりの男の通夜が執り行われた。

國重惇史《くにしげあつし》。

彼の77年の生涯を書けば、それだけで一冊の本になる。

1968年（昭和43年）に東大経済学部を卒業して住友銀行（現・三井住友銀行）に入行し、MOF《モフ》担（大蔵省担当）、本店営業第一部長などエリートコースを歩んだ。仕事はできるが女癖がめっぽう悪く、住銀で頭取、会長を歴任し「天皇」と呼ばれた磯田一郎の女性秘書と不倫関係になる。それが磯田の逆鱗に触れ、「DLJディレクトSFG証券」という子会社に飛ばされた。

当時、住銀の頭取だった西川善文《にしかわよしふみ》は、この泣かず飛ばずのネット証券子会社に頭を悩ませていた。國重は西川を三木谷に引き合わせ、楽天にこの会社を買収させる。これが楽天証券の始まりである。國重は会社と一緒に自分も楽天に買わせ、三木谷の参謀に収まった。2003年のことである。

六本木ヒルズ森タワーにオフィスを移転し、「ヒルズ族」の筆頭格として世間を騒がせていた楽天には「大人」が必要だった。

この年の4月、東京・六本木の一等地に、地上238メートルの森タワーをランドマークに、外資系の五つ星ホテル、テレビ局、富裕層向けのレジデンスなどが立ち並ぶ複合施設「六本木ヒルズ」がオープンした。ここにITベンチャーの早熟な成功者たちが蝟集する。楽天も、手狭になった中目黒の雑居ビルから森タワーに移転した。

レジデンスに住む芸能人やモデルなどと夜毎浮名を流す「ヒルズ族」のなかに、こののち経済事件の主役となる「ライブドア」の堀江貴文、「村上ファンド」の村上世彰もいた。そんなヒルズ族の「筆頭格」が楽天の三木谷だった。だが、元気で無軌道な経営者に必要だったのは、ドンペリや美女たちではなく、経営の指南役となる「大人」だった。若い海賊たちの明暗を分けたのは、〝手練れの軍師〟と出会えたか、出会えなかったか、だったのだ。

2004年9月、楽天は、あおぞらカード（現・楽天カード）を買収してフィンテックに進出。翌月にはプロ野球参入を表明。2005年10月には東京放送（TBS）の株を買い占め、同社に資本業務提携を迫った。

連日、三木谷の顔がテレビのワイドショーで大写しになる。もはやヒルズ族のノリでは済まされず、政治家や役所や銀行や大企業のトップとうまく関係を築けなければ、踏み潰されてしまう状況だった。

この頃、三木谷の隣には必ず軍師・國重の姿があった。幻に終わるＴＢＳ買収の記者会見では、國重が必ず三木谷の隣に座り、質問が細部に至るとマイクを引き取った。

フィンテックへの進出、プロ野球参入、ＴＢＳ買収。ベンチャーの楽天にとってそのうちのひとつだけでも手一杯のはずの大仕事を同時並行でこなせたのは、住銀時代に政官財と深いコネクションを持つ國重が水面下で激しく動いたからだ。

「三木谷は興銀出身だからエスタブリッシュメントに顔が効く」という話をたまに聞く。だが三木谷が興銀を辞めたのは30歳のとき。まだまだ尻の青い下っ端バンカーに過ぎない。既得権を握る人々の分厚い壁を突き破っていくためには、酸いも甘いも知り尽くした「大人」が欠かせない。それが國重だった。目立つことが何より好きな國重にとっても世の中を騒がせ続ける楽天は楽園だった。一流バンカーはこれまでに培った人脈と経営ノウハウを縦横無尽に駆使して、水を得た魚の如く働いた。

國重の仕事ぶりはまさしくプロフェッショナルの名に値するものだった。その一方で私人としての生活は破綻していた。ハデな女性関係で多額の慰謝料を支払う羽目になり、怪しげな投資話に首を突っ込んで巨額の借金を背負い込んだ。楽天ナンバーツーの年俸はけっして少なくなかったはずだが、それでも借金で首が回らなくなり、背後に黒い影がちらつき始める。

國重が「これ以上、会社にいては迷惑をかける」と考えたのか、長年見て見ぬふりをしてきた三木谷が「さすがにもう放置できない」と考えたのか。おそらくその両方だろう。２０１４年、國重は「一身上の都合」で楽天を去る。

それからしばらく世間は國重のことを忘れていたが、2016年に「戦後最大の経済事件」と言われた「イトマン事件」の暴露本『住友銀行秘史』を書いたことで再び脚光を浴びる。470ページに渡る大著は國重が住銀時代に綴っていた手帳をベースにしており、いつ、どこで、誰が誰と会い、何を話したかが克明に記されている。実名を晒《さら》されある者は怒り狂い、ある者は震え上がった。そして誰もが同じことを想起した。「次は『楽天秘史』か」と。

しかし國重が『楽天秘史』を書くことはなかった。2020年を過ぎた頃から会話や歩行が困難になる「進行性核上性麻痺《しんこうせいかくじょうせいまひ》」という難病を患い、23年4月4日にこの世を去ってしまった。

10日の通夜には國重の親族の姿はなく、晩年寄り添った「最後の恋人」がその場を取り仕切っていた。

桐ヶ谷斎場には地上に大きな式場が2つあるが、國重の通夜は地下に4つある小さな式場のひとつでひっそり営まれていた。数々のスキャンダルに加え、古巣の暴露本を書くという「サラリーマン社会のご法度」を破った男である。当然、仕事関係の人間は距離を置く。

筆者は開式の1時間前に斎場を訪ねた。狭い式場には「最後の恋人」のほかに関係者が10人ほど集まり、係の人間とあれこれ打ち合わせをしていた。早く来過ぎたことを詫びて式場に入れてもらい、驚いた。

「楽天グループ会長兼社長　三木谷浩史」

そう書かれた供花が目に飛び込んできたのだ。けっして多いとは言えない供花の中で、経済界から贈られたのは、三木谷とKADOKAWA社長の夏野剛のものだけだった。

棺の小窓を開けてもらうと、痩せこけた國重は、それでも穏やかな表情で眠っていた。枕元には『住友銀行秘史』が置いてある。この本が10万部のヒットになったことを國重は大層喜んでいたらしい。

手を合わせて式場を出ると、エスカレーターで1階に上がり、ロビーから外に出る。ふと左側を見ると、見覚えのある黒のアルファードが地下の駐車場へと滑り込んでいった。三木谷だ。

三木谷は銀行員の先輩であり、稀代の策士でもあった國重を尊敬し信頼していた。

「おーい、誰か社長の代わりにトイレに行ってくれよ」

楽天に籍を置いていた頃の國重は、20歳年下の若き起業家を持てる力の全部で支えた。三木谷の決断力と行動力に惚れていた。

その恩を三木谷は忘れない。毀誉褒貶の激しい國重の通夜に供花を贈ったり、お焼香に行ったりすれば、世間に何を言われるか分かったものではない。「触らぬ神に祟りなし」とばかりに不義理を決め込むのが日本人の常だが、恩人に花の一つも手向けられないようでは「海賊稼業」は務まらない。

三木谷が朝会で泣いた理由

「先日、日本を代表する偉大な起業家が亡くなりました」

リクルート創業者の江副浩正が死んだ2013年2月。三木谷は週に1度の朝会で江副の死に触れ、人目も憚らずに涙を流した。

楽天の幹部にリクルート出身者が多いとはいえ、江副と三木谷に直接の接点はない。このため朝会に出た楽天の役員、社員は、三木谷の突然の涙に驚き、当惑した。

三木谷は創業者がいなくなった後も永久機関のように成長を続けるリクルートという「仕組み」を作った江副を秘かに尊敬していたのだ。

二人には「起業家」という以上の共通点がある。

世の中にインターネットというインフラがない時代に生きた江副は利用者（職や家や旅行や中古車を求めている人）と事業者（人材や家、旅行、中古車の買い手を求めている人）をダイレクトに結びつける「情報誌」で、マスメディアというエスタブリッシュメントに挑んだ。

インターネット後に起業した三木谷は地方の店舗（生産者）と全国の消費者をネットで結びつ

けるＥＣの「楽天市場」で、地方の中小企業を〝全国区〟に引き上げた。その後もプロ野球や金融や携帯電話でエスタブリッシュメントに挑み続けている。

三木谷には江副の孤独がよくわかった。既得権を持つエスタブリッシュメントに挑む新参者に、この国はとても冷たい。世間は江副を、首相経験者など大物政治家や経営者ら大勢を巻き添えにし司直の手にかけた「リクルート事件」の「主犯」として記憶し、リクルートという偉大な会社を遺した彼の業績は消去された。江副浩正という名前はネット上にある同社の正史からも消えている。

最強の資本主義国である米国では、スキャンダルが消去され、業績が語り継がれる。因習を打ち破ったものに社会は惜しみない拍手を送り、多少の行儀の悪さには目をつぶる。

エスタブリッシュメントに勝てる見込みは万に一つだが、勝てば「海賊」は「英雄」になる。古くはトーマス・エジソン、ジョン・ロックフェラー。近年ならビル・ゲイツ、スティーブ・ジョブズ、ジェフ・ベゾスにイーロン・マスク。常識に縛られず、恐れを知らない若者たちが「われこそは」と名乗りを挙げ、次々とイノベーションを起こして巨人を打ち倒してきた。

かつては日本にも「海賊」がいた。太平洋戦争を跨《また》いで活躍した出光佐三、戦後なら本田宗一郎、盛田昭夫、中内㓛。日本でも変革を起こしてきたのは「海賊」だった。

資本主義の原則は「winner-take-all（勝者総取り）」である。「勝者総取り」は格差を生む。だから「海賊」から税を徴収し、富を再分配する「官軍」が必要だ。政治と行政の出番である。政治の原則は民主主義だ。古い仕組みをぶち壊す海賊が富を生み、その富を政治が再分配することで資本主義と民主主義は発展してきた。

しかし「官尊民卑」が蔓延《はびこ》り、「資本主義の精神」が理解されていない日本では、古い仕組みを壊す江副や三木谷は「ならず者」と見做される。

誰もが大企業や中央官庁の「官軍」になりたがる日本では、0から1を生むために暴れまわるイノベーター、すなわち「海賊」が絶滅しようとしている。三木谷はその系譜を途絶えさせまいとベンチャー企業の経済団体、「新経済連盟」を立ち上げたが、未だ自分を脅《おびや》かす挑戦者は現れていない。

プロ野球参入やTBS買収で一緒に暴れ回った参謀・國重の亡骸《なきがら》に手を合わせながら、三木谷は孤独を噛み締めていたのかもしれない。

本書は『週刊ポスト』(小学館)二〇二一年八月十三日号~十月八日号まで掲載した「最後の海賊　三木谷浩史と孫正義の頂上決戦」に大幅な加筆修正をしたものです。なお、文中の敬称は省略しています。

大西康之（おおにし・やすゆき）

1965年生まれ、愛知県出身。ジャーナリスト。88年早大法卒、日本経済新聞社入社。日本経済新聞編集委員、日経ビジネス編集委員などを経て16年4月に独立。『ファースト・ペンギン　楽天三木谷浩史の挑戦』（日本経済新聞出版社）、『東芝　原子力敗戦』（文藝春秋）、『流山がすごい』（新潮新書）など著書多数。『起業の天才！　江副浩正　8兆円企業リクルートをつくった男』（東洋経済新報社）は第43回「講談社本田靖春ノンフィクション賞」最終候補にノミネート。

編集（担当）　奥村慶太

最後の海賊　楽天・三木谷浩史はなぜ嫌われるのか

二〇二三年九月五日　初版第一刷発行

著者　大西康之
発行者　三井直也
発行所　株式会社小学館
〒一〇一-八〇〇一　東京都千代田区一ツ橋二-三-一
編集　〇三-三二三〇-五九六一　販売　〇三-五二八一-三五五五
DTP　株式会社昭和ブライト
印刷所　凸版印刷株式会社
製本所　株式会社若林製本工場

ISBN 978-4-09-389130-1